人材革命

AI時代の資本の原理と人間の原理と

荒木弘文 著
ARAKI HIROHUMI

社会評論社

目次

プロローグ――「もの、こと」の見方について

この本は、何よりも、世の中は「変動する」という動態的視点、「世の中は三日見ぬ間の桜かな」の視点で書かれている。世の中は、一瞬たりとも静止、停止することはない。こうしてたとえば、江戸時代から明治時代へ、また、戦前から戦後へと変動した。同じように、現在の産業資本主義（株式会社主義といってもよい）の姿もまた、間もなく、これまでになかった新しい時代＝ＡＩ革命時代へと変動するのである。

ＮＨＫのアンケートによれば、多くの大学生は「現状維持志向、安定志向」をしているという。こういう大学生は、世の中が変動するのに、その変動に関心を持たず、考えず、理解せず、対処しないのである。ただ単に「よい就職をしたい」という一点で、学校の授業で「よい点数」をとることだけに励んでいるのである。このような大

学生には、変動する将来には期待が持てない。今、経団連は、新卒採用方式を変更するという。それは、よいことだ（年中、随時採用がよいのだ）。

ここで、私の基本としている「もの、こと」の見かたを「ざっと」説明しておこう。大前提としては、「自然の世界」を想定する（勝手に設定）。想定された自然とは、地球が発生してから消滅するまでのことである。自然の地球上に生起する「もの、こと」はすべて、「自然現象である」と勝手に「考えて見る」わけである。過去五〇億年間の間に、生命が発生し、多様な生物社会が進化してきた（二百万種類以上）。今から一〇万年ほど前には、ホモ・サピエンスが出現した。サピエンスは九万八千年間はじわじわと「文化を進化」（今西錦司の言葉）させてきた。次の二千年間は、歴史学者によれば、古代、中世、近代という文明時代だという。ざっとした、大まかな見かたをすれば、以上が「自然の世界」の中に生じた「もの、こと」である。

ところが、立ち入って見ると、ここ二千年間=文明時代は、それ以前と比べると、どう見ても「自然のできごとだろうか」と疑われるような事情が、つぎつぎと見られるようになった。そこで、文明時代を「要注意事項」として、注意して見るのである。
縄文人は「自然」活動人間であり、農民は「半自然・半人工」活動人間であり、現在は「人工」的な、機械化人間である（自然生活スタイルを排除する。第四章参照）。この機械化＝自然排除時代を「人工の世界」の典型事例と見て、「要注意事項」とするわけである。この「人工の世界」の芽生えの時代を、歴史学者は古代と呼んでいたのである。今後、「自然の世界」を排除しようとする「人工の世界」（たとえば株式会社）がどのように**生き延びるか**、あるいは**死滅するか**を考え、近未来を予測しようというのが、私の基本的な見かたなのである。

「これからの人材」の実際的、具体的な説明＝「本番」は、第二章である。それは、「これからの人材のモデル」を指摘したものである。モデルを目指して、自分で自分の品質改良をすれば一番よい。そこで、早くモデルを知りたいと急ぐ人は、第二章だけを読み、それで済ましてもよい。急がない人は、全部を読んでほしい。

第一章は、本番を読む前に、下準備があったほうがよいだろうと思って、「ことはじめ」＝「準備事項」とした（大事な部分だから、ついつい、くどくどと説明が多過ぎたが、悪しからず）。「これまで」は世界史はこのように変動してきたから、それならば「これから」はあのように変動していくだろうという意味（先見の明）を込めて、一応の「まとめ」をしたのである。「まとめ」は、「これからの人材」を考えるうえで「役に立つ」という意味で、「生きている教養」だといいたいのである。

第三章は、第二章の「モデル」を実際に実現するには、生まれたての赤ん坊から「手入れ」をしなければならないという、新しい視点を扱った（乳幼児を持つ親ならば、必考である）。また、なぜそのような手順を踏まなければならないかに関して、「脳システム」の話にも若干触れたのである。

第四章は、あらためて「資本の原理＝本質」を明確にして、「まとめた」ものである。「資本の原理」（人工の世界）を知るには、「人間の原理」（自然の世界）と照らし合わせて見なければ「十分なもの」にはならない。「これまでの人材」（株式会社人間）は株式会社の経営に当たり、「人間の原理」と照らし合わせた人は、一人もいないのではないだろうか。私は、そう思っている。「これまでの人材」の頭の中は、産業革命以来の「産業資本主義」（株式会社の拡大）方式を「当然のこと、よいこと」として、それが「常識」となってきた（もしかして「悪いこと」ではないかという疑いを持ったことがないだろう）。三〇年後の「ポスト産業資本主義時代」＝ＩＴ革命時代の隆盛期では、その「よいことという常識」が崩れるのである（株式会社の黄昏）。

ここで、参考になる指摘を二点取り上げておこう。一つは、『ＩＴ全史―情報技術の250年を読む』（中野明、祥伝社）である。これは、約三〇年後の姿が今とはガラリと変わっていることを、考えさせてくれる。もう一つは、「三〇年後の全国小学校の数」を予測したものである（東洋大学某教授、ＮＨＫ）。これによると、三〇年後は、現在の三分の一に減少するという。この人口減少は、『ＩＴ全史』の説明とともに、三〇年後の国家・社会システム、ビジネスシステム、文明システム等々が全面的に、いかに大きく変動するかを考えさせてくれるのである。そういった事柄が、念頭に置かれるべきポスト近代型の話なのである。

第一章

人材形成ことはじめ

準備事項

この問題が目に入らぬか！

この「問題」とは、「産業」資本主義＝産業革命（一七五〇年代ころ）以後の工業化＝近代化の時代から、「ポスト」産業資本主義＝ＩＴ革命時代（発展期は二〇四〇年代ころ）への世界史的変動・転換の問題である。

※「近代化」の「近代」という言葉は、政治学上の言葉である。「産業、工業」の言葉は、経済学上の言葉である。近代国家は、「政（治）・経（済）統一体」をなしているのである。仮に腹を経済とすれば背中は政治や法律、一般には意識の産物だというように、対応関係にある。すなわち、一つの統一国家の二面性である。そして、経済システム（土台）が変動すると、政治や法律も、万人の意識もまたつられて変動するのである。こうして、世の中は変動していく（親ガメ（経済）こけたら、みな（政治、法律、意識）こけた、の如しだ）。

今、人材の見直しが「避けられない」ときであるという意味で、見直しには「必然性」があるといえる。「必然性」というのは、ほうっておいても必ずＩＴ革命時代が到来する、という意味である。もう一つ、「これまでの人材」と「これからの人材」との違いを明確にする。

まず、「これまでの人材」の意味は、産業革命から今日までの（目印は、経済の高度成長の峠までの）、株式会社組織の拡大、大量生産、大量消費を目指して来た「産業資本主義人間」のことである。日常的には株式会社の利益追求の全盛時代を担ってきた人々のことである（生身の人間の利益は二の次、三の次だ）。だから、企業が死ぬこと＝倒産だけは絶対に避けたいという時代。人間の利益追求は二の次、三の次だから、過労死してもホンネでは「しかたがない」とする。死ねば頭をペコペコ下げ、弁償金で決着をつける以外にない。遺族は弁償金をもらっても、死者の生命は戻らない。

だから産業資本主義時代は、「労働者の損で終る」システムなのだ。過労死を出す事態とは、産業資本主義システムにはもう未来性（発展性）がなく、峠を過ぎて衰退期へ向かっての切羽詰まってきた目印なのだ（本当にこれからも「発展・成長」がありうるのであれば、「働きかた改革」といわないで、「所得倍増改革」といったほうがよい。

なぜ、そういわないのか？　それは、もう発展しないから、倍増の見込みはないのだ）。高度成長の峠までなら「働きすぎ」といわれたが、「過労死」はまだなかったのである。

他面では、経営陣もサラリーマンも、官僚も、科学者も、一般国民もみなストレスが溜まっているという、もはや回復できない倫理観疲労＝人心の腐敗のようすである。毎日同じような負の事件のニュースを聞くことには、もう「うんざり」しているのである。

「これまでの人材」は、産業資本主義人間＝株式会社人間だけではなく、それを支持する政治家、官僚、経済学者、経営学者、自然科学者、エンジニアその他の専門家、現状維持志向の学生や保守思考の一般国民も含む。この産業資本主義人間にはどう見ても、「先見の明」（未来の青写真）がない。

何せ産業資本主義人間は、今見えている日々の混乱を引き起こしている張本人であり、その混乱に自分が追いまくられており、混乱に対処するだけで精いっぱいである。「皆様にはご迷惑をおかけしました。再発防止に努めてまいります」といって、ペコペコと頭を下げるしか能がないのだ。大の大人・エリートが、こんなくだらない事件で、よくもテレビの前に出てこれたもんだなあ、と思うのである。侍なら、潔く腹を切っていたことであろう。私は、ペコペコと頭を下げなくてよいから、腹を切れ、といいたい。今は、侍精神などはみじんもない時代であり、先見の明＝未来発明能力もない時代になった。腹も切らないし、能もないのに、なぜか会社にしがみついている（しがみついていれば、まだまだ甘い汁が吸えるからであろう）。これでは、会社がさらに発展するわけがない。

ペコペコ頭を下げるのではなく、未来に向けた「先見の明」をずばり見せればいいではないか。そういうわけで、私は、「先見の明」を追及してやまないのである。

「これからの人材」の意味は、「これまでの人材」に入れ替わって、これからの時代の主流に立ち現れるであろう人材だ、ということである（三〇年後のポスト産業資本主義時代の担い手）。現在すでに、「ポスト産業資本主義人間（革新派）」の出現がはじまっているのである。現在は、「これまで＝産業資本主義」と「これから＝ポスト産業資本主義」との、時代の「変わり目」＝変革期に入った、という「見かた」をしているのである。「ポスト産業資本主義」の客観的推進力は、いわずもがなの「ＩＴ革命」だ。

時代の変わり目は、先進諸国のすべてが共通である。なぜかというと、先進諸国はみな「産業資本主義」（株式会社方式）だからである。株式会社方式でやれることはみんなやってしまったのだ。これ以上の明案・解決はないという段階に到達してしまったのである（国債の発行額を見れば、先進諸国はみな財政破綻をしているのだ。先進諸国は互いに傷をなめあって、ようやく生きているのだ）。

そうすると、発展途上国も、最後に追いついてくる後発国も、何らかの影響を受けるという意味で、「世界史が変動する時代」だともいえるであろう。本書の視野は「世界」であり、視点は「世界史の変動」である。

産業革命以後二七〇年にも及ぶ「産業化・工業化」の社会システムに代わって、「ＩＴ革命」に即応したシステム＝国家システム、社会（コミュニケーション）システム、ビジネスシステム、文明等々の「作り直し」をすることになる。「作り直し」という意味で、革命といってよい。今後三〇年も経過すれば、誰の目にも「変わった」という姿が普通になっていることであろう。本書は、三〇年後を「見通す」内容である。

わかりやすいたとえ話

世界史の変動を分かりやすく理解できるたとえ話としては、すでに経験済みのヨーロッパ中世を見ればよいだろう。「これまでの人材」に相当するものとしては、カトリックの神学者（保守派）をあげておこう。「これからの人材」に相当するものとしては、神学者に対抗した人々（革新派）、特に知られているガリレオをあげておこう。ガリレオが出現したとき、もしもローマカトリックが、ガリレオは素晴らしい人材だ、世界を変える「これからの人材」だと先手を打って賛同すれば、カトリックはその後もなお隆盛を続けることができたかも知れない（アメリカもフランス人が立国したかも知れないのだ）。しかし、神学者には、「先見の明」はなく、神学者も含めて人心は腐り続けたのである（たとえば「贖宥符《しょくゆうふ》」にかえて「免罪符」を乱発し、金儲けに走った等々)。その隙をついて、キリスト教としてはプロテスタントがその後の隆盛を奪うのである(イタリア、フランスは脱落し、イギリス、ドイツ、イギリス系アメリカ人が主流となる。フランス人のアメリカ立国は不発)。

現在の産業資本主義人間も中世の神学者と同じく「先見の明」がなく、ポスト産業資本主義人間に取って代わられるのである。今から三〇年もすれば、神学者に相当する「これまでの人材」はほとんど姿を消し、ガリレオに相当する「これからの人材」ばかりになっているのである。

あなたは、神学派? それともガリレオ派?

そのように自問自答して見たらよい。

日常化した人材の貧困——人心の腐敗

変革期の混乱はたとえば日本なら、明治維新開始期の混乱を想起して見ればよい。

それは、江戸時代の「消滅期」と明治時代の「発生期」とが重なるという形で混乱した。現在の混乱は、保守派（産業資本主義人間）と、革新派（ポスト産業資本主義人間）との「品質の違い」から生じる。時代の変わり目では、保守派の意識は「人材の貧困＝人心の腐敗」という現象を示すのである（免罪符乱発の中世カトリック神学時代の「人心の腐敗」と同類だ）。

「大企業　日本揺るがす　倫理観」（邦雄。『月刊　川柳マガジン』新葉館、二〇一八年一月号）。これは、大企業をリードしてきた人たち、日本を引っ張ってきた人たちの倫理観疲労＝「人心の腐敗」をよく詠んでいる。以下その代表事例を見ておこう。

① **政治面**　安倍晋三総理の就任から二〇一七年四月二六日までに、五人の大臣が辞任した、と報道されている（その後も辞任が続いている）。また、何人もが、失言を取り消したりしている。現在でも財務省が、いわゆる「もり、かけ問題」等で国会を混乱させている。今まさに、政府責任に飛び火をしそうである。安倍総理はまた、「働き方改革」問題で、答弁の「取り消しとお詫び」を述べた。混乱し続けているさな

かにまた、前官僚の名古屋講演に関して自民党議員が何やら調査したといって、問題が噴出した。さらに、イラクに派遣された自衛隊の行動日報が、「存在しない」から「存在していた」ということになった。また、「存在しない」できごとが、愛媛県、今治市や農林省の文書の記述から「存在する」とわかった。財務省のトップが辞任し、今度は、麻生副総理や安倍総理の責任を問うという。

国会の混乱は、政府の終末期のように見えてきた。そもそもが政府の隠ぺい体質ではないかと、追及されている（寄らしむべし、知らしむるなかれ）。これは日本の伝統である「お上」共同体の体質が崩れる印かも知らない。しかし、保守思考の国民がたくさんいるのだから、保守党が何をしようと保守党を支持するので、保守党は安泰であろう。総選挙をしても現在の政治家がそっくり再選されることであろう。

② **企業・経済面**　東電の原発事故、電通の過労死事件、旭化成系のマンション傾き事件、東芝の左前事件、台湾企業のシャープ買取り問題、タカタ自動車部品欠陥事件、神戸製鋼事件、たび重なる日産事件、三菱重工事件、リニアモーターカーに関す

る大成・大林談合事件、商工中金事件、三菱の再度の嘘つき事件、スバル自動車事件、積水ハウスの巨額損失事件、年金事務処理事件、スルガ銀行事件等々が今、取りざたされている。これらは、ほんの氷山の一角にいすぎないだろう。ほとんどの企業で大なり小なり混乱していないところはないだろう。たたけばいくらでも埃が出て来る、という観がする。

③ **官僚面**　人材を育成する役所であるはずの文部科学省の天下り事件が発覚して、トップが辞任した。今また、トップが賄賂問題で辞任した。文科省の官僚の息子が裏口入学をさせてもらったとの報道もある。いわゆる「もり・かけ問題」では、文科省官僚の忖度問題で国会が荒れている（他の各省庁でも同様であろう）。ついに、財務局のトップの辞任が決まった。大阪の関係者が自殺をしたと報じられた。今は、関係者の国会承認喚問が焦点になっている。そういうさなかに、財務省のトップがセクハラで辞任した。最新では、警察官が他の警察官を射殺した事件が公になった。新潟県知事の援助交際が発覚して、辞任した。混乱は、深まるばかりである。今後も、ボロを

出し続けるだろう。

④ **一般社会面** 詐欺（おれおれ詐欺の全盛期）、窃盗、強盗、脅迫、暴力（教師やクラブ活動の指導者も含む）、麻薬の密輸・販売・使用、殺人（親族の殺し合いが増えている）、いじめ、虐待、痴漢、自殺、パワハラ（スポーツ界が目立つ）、セクハラ、認知症、手術事件、自動車事故、放火事件、京都大学のニセ論文事件、京都大学や大阪大学の入試問題の二回にわたる不備問題、東工大の入試ミス問題等々、報道されない日がないといってよいほどである。現在（二〇一八年）、日本大学アメフト部事件で、テレビがにぎやかだ。事件の根底には、大学＝「お上共同体」という伝統的体質があるためなのだ。至学館大学のパワハラ事件も同質だ。さらに追いかけて、インドネシアでのアジア大会で、バスケットボール選手・四人が追放された。日本の古い体質のスポーツ界が、外国でも恥をさらしたのである。もう、どうしようもない。一度日本国を廃止して、一から出直したほうがよいとも思われる。民間も与党・政府、公務員も体質は同じでなのである。

以上の姿は、政治界、官僚界、財界、企業界、学校教育・科学界、社会生活全般で、これまでの文明の「人心の腐敗ぶり」が隠し切れなくなったのである。「改ざんと不正に麻痺の謝罪劇」の日々である（宮脇流木『月刊・川柳マガジン』新葉館、二〇一九年一月号）こういうことはみな、産業資本主義人間の倫理観の貧困化が日常化しているのだ、ということであろう。

産業資本主義人間がいくら努力をしたところで、「八方ふさがり」になるだけであり、かつ、「ボロを出し続ける」のである。

若干のまとめをしておこう。上の「人心の腐敗」が発生するのは、日本なら「お上共同体」という時代遅れの体質にある（中世カトリックの体質と同じ）。だからたとえば、安倍総理や麻生副総理・財務大臣は自分は「お上」だから、誰からも責任を問われない（多数の国民も責任を問わないで、今後も総選挙では保守派に投票するだろう）。そこで部下である財務官僚、文部官僚が勝手にやったこととし、部下の責任で済まそうとする。しかし、「お上体制」があるかぎり、同じ事件が起き続ける。

この時代遅れのベースの上に、さらに、世界共通の産業資本主義時代の消滅期が重なっているのである（世界的な変革時代）。だから、安部＝麻生体制を根こそぎ乗り越えなければ、根本問題は解決しない。

しかし、日本人には「国家の根本、根底に触る」という歴史経験的、文化的伝統がない。なああ、まあまあで終わってしまう。だから、欧米並みの独立国は作れないのである（欧米の国作りにはセオリーがあるのだが、日本ではこのセオリーがないのだ）。たぶん日本人みずからがお上共同体質を革新することは不可能であろう、と私は見ている。しかし外圧がかかれば、いとも簡単に革新するのだ（黒船、連合軍の外圧などを想え）。日本の変質は、外圧待ちなのだ。

ＩＴ革命は時間の問題で（三〇年後）、与党も野党をも見捨てて、新時代を実現してしまうだろう。世界共通のＩＴ革命が外圧になる。**ＩＴ革命を第二の黒船だ**と見ればよい。ここではじめて、お上共同体という社会ベース＝根底は消えるのである。なぜＩＴ革命が外圧なのか。それは、ＩＴ革命が世界共通のものだからである（日本から見ると外圧になる）。「これから」は、ＩＴ革命が経済土台の必須要件＝中身になるのである。こうして、経済土台（客観的強制力）が変動すると、政治や法律、あるいは政治家・企業家・国民の意識（主観）などがつられて変動するのである。

進歩史観を疑え——「これからの人材」の視点の持ちかた

これまでの人材を、進歩史観論者という。産業革命以後の産業資本主義（株式会社）を担ってきたのが、この進歩史観論者である。進歩史観論者は、政界、財界、官僚界、企業界、科学界、その他の専門分野で、主流かつ多数派を占めてきた。彼らは一様に、「さらなる発展を（高度成長を）」という一語しか念頭にはないのである。しかし現実的、客観的には、混乱・衰退へと向かっているのである。

私は、全産業分野を含む世界史の変動を考えるにあたり、「これからの人材」には当然のことながら、「進歩史観を疑え」といっておきたいのである。

問題は世界史の変動であるが、「変動」を考える前に、「世界とは何か、世界史とは何か」が理解されていなければならないのだ。この点が、保守派なら古い理解のままであり、「見直して見よう」という意識が働いていないのである（未来音痴という）。世界史には宿命があるのだ。世界史の**宿命とは**、世界史は「万人」の営みの足跡であり、万人は世界史の枠からは「**逃げられない**」という意味である。だから、世界史の理解は、万人を漏れなくすくい上げる「**大網**」でらなければならないと思うのである。これまでの歴史論は、政治中心の、権力者をすくい上げる歴史＝「**小網**」であった（「歴史書は勝者の色に染められる」大本和子。『月刊・川柳マガジン』新葉館、二〇一七年六月号）。だから、いわゆる庶民大衆層は漏れがちだったのである。そもそも万人が所属している「社会」とは、どんな社会であるのかが、不明確だったのである。そこで、私はまず、「社会の定義」を明確にするところから出発しなければならないと思うのである。

社会とは情報化社会である、と私は明確に定義する。情報化社会は、はっきりしているところでは、ホモ・サピエンスの出現までさかのぼれる（約一〇万年前）。そうすると、「世界史とは世界の情報化社会史である」と定義することができる。

「これまで」の歴史学者（進歩史観論者）は、世界史とは古代、中世、近代の約二千年間を指している（九万八千年間が漏れている）。古代以前を「原始未開」時代と判定し、世界史からは追い払ってしまうのである（文化人類学、考古学の分野とする）。なぜ追い払ったのかというと、原始未開時代は「進歩がない」と判定したからである。そうすると、彼らの世界史とは「進歩史」だと判定していることになる。これが、**進歩史観の正体**である。もう一点、原始未開に対しては「文明」という理解をしている（未開から文明へという）。そうすると、進歩＝文明だということになる。それでは、いつ文明が開始したのかいうと、開始は文字の発明時点だというわけである。文字の発明をもって古代と呼ぶのである。以後順次文明が進歩して、中世、近代になったというわけである。歴史学者には、実は、肝心の「社会の定義」がなかったのである。

私が主張する情報化社会の証拠は、「**言葉**」の使用にある。だから、言葉を使っている人々の歴史はみな、情報化社会史となる。それに対して、歴史学者は、言葉ではなく、**文字**を使うことだとする。無文字社会は、世界史・文明史には取り入れないのである。そこで、歴史存在の証拠は、言葉か、文字か、という対立議論になる。先に指摘をしたように、言葉か文字かという対立は、歴史学者には「社会の定義」がなかったことに原因があるのである（情報化社会だと定義すれば、言葉に決まっている）。

そもそも文字は、言葉を記号化したものである（アルファベットは記号そのものだ）。言葉なくして文字はないのである。情報化社会の「情報」とは、「言葉」だといってもよい。核心を突けば、言葉の含んでいる「意味」が「**情報の本体**」なのである。だから、言葉を使っていれば、情報化社会人間だというのである。サル同志だって、サル語を使って情報交換しているから、サルもサル情報化社会を持っているといってよいだろう。

このように情報化社会という定義を明確にすることによって、歴史学者のいう原始未開から未来のＩＴ革命時代までの一〇万年間以上を、一貫して情報化社会だと認識することができるのである。いわゆる原始未開人も今日の文明人も等しくホモ・サピエンスなのだ。だから世界史は、ホモ・サピエンス史だといってもよいのである。

情報化社会だという認識がない場合には、ＩＴ革命時代を世界の、社会の変動史として、一貫して認識することができないのだ。進歩史観は、ＩＴ革命は単に現在の技術の延長線上の技術革新だとしか認識していないのである（今後も株式会社時代の延長でしかないと思っているのだ）。ＩＴ革命時代到来の「必然性」は、情報化社会史という視点に立たなければ、理解不可能なのである。進歩史観は「現在の延長」と見るのだから変動の「必然性」には気がつかず、「世界史の変動史」を理解することはできないのである。そういうことだから、「先見の明」がないのは当然なのだ。

以上により、「これからの人材」ならば、どこに視点を置けばよいかが明確になったことであろう。

進歩史観は「一面的」な見かたである

さて、「進歩」とは、何が進歩したのであろうか。人間の「心」（精神など）が進歩したということであろうか。西洋哲学の中には「精神史」の分野があったし、「精神構造」が進歩的か否かを議論していた（精神の進歩）。しかしそれは正しくはないので、鵜呑みにしてはいけないといいたいのである。

さて、世界の多くの人間（特に庶民大衆など）が進歩したくて進歩しているわけではなく、目に見えないようなある「強制力」が働いており、その強制力が人間・心・精神などを無理やり「進歩」しているかのように「操っている」のだという点を、見落としてはいけないといいたいのである。「操る力」は、政治家、官僚、社長等々の上司の考えや命令など＝主観的な力ではなく、「法則的な、客観的な力」なのである（社長や上司の心も、資本の原理から見れば「操られている」のだ。後述）。

私は、多くの人の心（精神、意識、意思的行動など）が進歩していると思っている、その心（精神）に関する側面を「表の側面」ということにする。何かが心を操っているのではないかという側面を、私は、「裏の側面」ということにする。進歩史観は、「表の側面」しか見ていないのである。そういう点でこれを、「一面的な見かた」だというのである（必要条件しか見ていない）。私は、表・裏の「両面」を見ているのである（表＝必要条件、かつ、裏＝十分条件）。そういう違いがある。

なぜ、そのような違いが生じたのであろうか。それは元はといえば、西洋人の文明構築のクセにある（私は西洋人でないから、そういうクセはない。だから、両面が見られるのだ）。西洋人のクセは、たとえばギリシャ神話を見ればわかるように「全能の神」（唯一神ないし最高神）がいて、人間の行動の手本になっている。実際に全能を目指す人物は、英雄となる。日本には全能の神＝唯一神がいなかったので、英雄という言葉もなかった。明治政府は西洋の「まね」をして、天照大神を唯一神にしたかったのだが、しかし仏教も認めざるを得なかった（明治政府は結局「廃仏毀釈」を二年で取り消した）。つまり、日本では唯一神国家は実現不可能なのである。神仏習合が基本だ。真言密教の開祖＝空海でさえ神もお祭りし、神仏習合の方針をとっている。仏教からの「本地垂迹説」の主張は、仏教の、アマテラス等の神々に対する優越性を宣言したかったのだ。日本人の神といえば、八百万の神々のことなのだ（唯一神はいない。神多元論＝相対論）。アマテラスは、奈良朝直前（大海人王子＝天武天皇）のころに政治政策上、意図的に作られた人工神なのである（アマテラスの基本のストーリー『日本書紀』などは、中国の神話＝バンコの神を取り入れたもの＝輸入品だ：白川静の説）。

　英雄のやることとは、「全能の神」のように万物（人と物のすべて）を「支配」することである。古代と中世ではともに、英雄の活動する現象（心・意識の表現＝態度・行動）が華やかで、誰の目にもつきやすかった（経済＝資本の活用が未熟であり、政治行動ばかりが目についた）。ジュリアス・シーザーの、ナポレオン・ボナパルトの、ジャンヌダルク等々の勇ましい姿が、目につきやすかった（ナポレオンは、自分の勇ましい姿の肖像画を何枚も作らせた）。

英雄の実際は政治権力の行使であり、具体的には戦争であった。だから、西洋は戦争ばかりしていたのである。欧米人の知恵は、戦争体験から生まれた（特にイギリスなど。ビジネスでも、「経営戦略」という戦争用語を使う）。欧米人から「戦争」の文字をなくしたら、欧米の存在意義はないだろう。そう見ても差支えはないと、私は見ている。

古代ギリシャやその周辺の国家には、戦勝の神がいた。古代ギリシャ以前のメソポタミア諸国にも、すでに戦勝の神がいた（ヤハウエの絶対神が古い）。日本では、宇佐八幡宮（大分県）がはじめて戦勝の神を祀った（八幡太郎・義家などに具体化した）。戦争神の存在は、戦争国家構築の精神（心）上の柱となるのだ。

英雄のほとばしる激しい心は、戦争勝利にこそ具体的に結晶するものだと思い込んでいた。アメリカも、ヨーロッパ思考（イギリス）を継承した。勝利＝正義、「正義は勝つ」と信じた。勝てば官軍という正義観が常識になった。ここに、「正義の戦争ないし聖戦」という言葉が定着する。私は、戦争はすべて一律に悪であるという「見かた」をするのだが、欧米人にはそれがないのである。欧米人は、「自分が一番正しい」と固く信じて疑がわない人種だ（**自分の主観を絶対とする**）。ここに、クセがある。

たとえば、アメリカが北朝鮮に核兵器を廃止せよという場合、トランプ大統領が「おれも廃止するからお前も廃止せよ」といえば、対等、平等である（脳機能＝自己主張機能と自己抑制機能の二面が、バランスしているのがよい）。しかしアメリカは、「おれは持つがお前は持つな」というのである（脳の機能のアンバランス。俺が一番正しいと疑わない）。この不平等を正義だと固く信じて疑わないクセがある。今後中国が、これからはアメリカに代わって、おれ（中国）が持つから、アメリカは持つな、といったらどういうことになるだろうか。

今では、発展途上諸国がアメリカに事実上追いついてきたのである。追いついた国はみな、核兵器を保有しても何が悪いか、と主張するわけである。核兵器保有は、正義の目印ではなく、「事実上強い国になった」という目印なのである。だからイランにしても、アメリカと対等に発言し始めたのだ。

ただし、対等者である核保有国が複数になった場合の、紛争の解決方法、核廃棄方法にはまだ「明案がない」時代的段階なのだ。それにしても、現在では少なくとも、アメリカの正義・一人支配の時代が歴史的に、客観的に崩れる段階に達したことを知るべきである（アメリカを相対化しつつある）。これも、世界史変動の一場面なのだ。

ベートーベンは、ナポレオンの勇ましい姿＝英雄（近代的自由権獲得行動＝市民社会実現行動）を見て感激し、ナポレオン本人に捧げるつもりで、『交響曲第三番・英雄』の作曲に取り掛かった。ナポレオンは一七九九年に「フランス共和国」を創設し、一八〇四年『ナポレオン民法』を制定した。これが、進歩の心の作品だ。ところがあっという間に、ナポレオンは民法制定直後に共和国＝民主制度を捨て、「フランス帝国」を宣言し、皇帝になる。市民社会への進歩史観の期待がはずれたのである。これを見たベートーベン（の心）は「ナポレオンの野心」にがっかりして（心対心）、「第二楽章」を「葬送行進曲」と名づけ、ベートーベンの頭の中では勝手にナポレオンを殺し、作曲の中で葬式を出してしまったのである（一八〇四年作曲は完成）。これは、「表の側面」をよく示している話ではないか（裏の側面の話がない）。

総論と各論の見かたで進歩史観の間違いを正す

近代的自由権獲得運動が始まったこの段階では、まだ、裏の側面は気がつきにくかったのである。すっかり近代になると＝イギリスの産業革命（機械工業革命）がヨーロッパ等々に広く普及すると、社会システムの混乱が目にも見えるようになった。それは、労使紛争が生じたり（階級対立）、貧富の格差が見えるなどである（福祉）。ようやく裏の側面にも気がついてきたのである。これを社会科学の分野では、「市民的自由の欺瞞性」という。市民的自由の理念は、市民＝金持ち・資本の所有者に有利であり、対等であるはずの市民＝労働者、貧乏人には不利だから欺瞞だ、ウソだというわけである。

裏の側面は、古代型から、中世型、近代型まで、「事実としては切れ目がなく」一貫して（連続して）存在していたのに、その「裏の側面」は、近代になってからようやくわかったということである。これをヨーロッパでは、「ミネルバのフクロウは日暮れに飛び立つ」という。知恵の女神の使いであるミネルバのフクロウも、結果が見えるまで気がつかなかった、ということわざである。ヨーロッパ人も、「転ばぬさきの杖」はつけなかったという話だ（バカ族か？　リンネはヒトをホモ・サピエンス＝利口族と命名したが、フランスのリシェという人は、サピエンスの語を退け、ホモ・スツルッス＝バカ族と命名した。なるほど！と私は納得するのだが）。

私は、古代から近代まで、「事実」を見れば切れ目はなく、そこには一つの法則が働いていた、という「見かた」をしている。私は、進歩史観論者がブツ切りにする古代型、中世型、近代型の三種類の型が、一つの法則により全体として一つの「まとまり」をなしているのだ、という「見かた」をしている（「群盲ゾウをなでる」の故事がある。そのゾウの全体像を見る見かたは参考になる）。私はこの「まとまり」を、「総論」と呼ぶのである。そうすると、古代型、中世型、近代型の三種類の区別は、総論の中の「各論」だということになる。これまでの進歩史観は、この総論（まとまり）という「見かた」（十分条件）がなかったのだ（ゾウの全体を見ようとしない）。それは、各論（区別）だけの理論だから、一面観だ、不十分だというしかない（三分類＝古代型、中世型、近代型それ自体は、「資本の原理」から説明ができるので、私は間違いだといわない。総論がない点で「不十分だ、一面観だ」といっているのだ）。

「総論無しの各論だけ」という、鳥瞰的視野のない＝ゾウの全体像を見ない＝木を見て森を見ない「見かた」が、結局現在の「人材の貧困」（刹那主義）を引き起こしたのである。全体像を見なくなった教授が大学生を教育するのだから、大学生は五〇点しか取れないことになる（各論五〇点、総論五〇点、合計一〇〇点。安倍総理も学生時代には、五〇点教授の指導を受けてきたのだ）。五〇点教授、五〇点学生が世界的規模ではびこっているのだから、産業資本主義時代は五〇点しか取れない社会・国家なのである。これが、人心の腐敗を導いたのである。人心の腐敗から脱出するためには、総合的・総論的な思考が必要である。総合的思考の中には、血も涙もある「人間の原理」問題が潜んでいるのである（第四章参照）。進歩史観には、この血も涙もある

「人間の原理」という視点が欠落していたのだ（利益第一主義・万事金の世の中）。

現在の進歩史観は結局のところ、デジタル思考に偏り、歴史時間の流れに沿い進歩してきたというように、時間軸一本でしか見ていないのである。私のいう総論は、空間軸＝人間（生物）の住む場所＝地球の全面（グローバル）を設定したことも意味しているのである。総論を一枚のキャンバスにたとえると、そのキャンバスに三種類の各論の絵が描かれている、ということになる。このキャンバスが、時間と空間との全体＝総論である。人間の思考や行動、生活は、時間だけで実現するものではなく、必ず「時間（時）と空間（場所）」の統一として実現しているのである。

生物も含めた「自然」（しばしば大自然という）の事実は、「時間と空間の統一体」である（アナログ状態）。主流をなす科学者の思考は、その統一している時間と空間を人為的・作為的・人工的に（勝手に）引き離し、時間軸だけで思考していているのである。これを、デジタル思考に偏るという。現在デジタル機器がはやるのも、そういう思考に偏っているためだ。何事につけても偏るということは、一種の流行・ブームなのである。**現代科学は、一種の流行である。**流行は、やがて「飽きられる」のである。アナログ（自然）思考の軽視＝デジタル（人工）思考の重視とのアンバランスが、自然破壊の原因にもなっていることは、見逃してはいけないのである。

私の総論研究の仕事は、『総合科学論入門』（講談社エディトリアル、二〇一六年）で説明しておいた。人材に関するこの本は、その『入門』理論を具体化したものである。そういうわけでこの際、『入門』も読んでいただけるなら幸いである（『入門』では、情報化社会についても扱っている）。

裏の側面＝法則とは「資本の原理」だった

それでは、総論のタネ明しをしよう。そのタネは、「資本の原理」である。古代から近代まで一貫してきた法則とは、資本の原理だったのである。資本の原理は、古代に出現したのである（古代都市が出現したときに、都市人間が資本の原理を発明したのだ。都市と資本主義とは、一つの社会体制の二面性なのだ）。そこで各論では、資本の原理の個別具体的な「特殊形態」である①古代型現象（姿）を、②中世型現象（姿）を、③近代型現象（姿）を、それぞれ明らかにすればよいのである。さらに、④未来型現象（IT革命時代、先見の明）を明らかに予見すればなおさらよいのである。

古代型、中世型、近代型は、資本の原理の具体的な、目に見える「現象形態」（特殊形態）のことなのである（本質＝一般性と、現象＝特殊性との関係なのだ）。最後には、三種類を総合した総論（本質）を示せばよいのである（未来型を加えれば、四種類の総合が総論だ）。このような見かたを、今では、主流派の進歩史観論者は見捨ててしまったのである。ゾウの全体像を見る「見かた」を捨て、産業資本主義＝株式会社一本に埋没した。多くの人はみな、自分の今の仕事だけというように、視野が大変に狭くなったのである。いわば、「今」という時点に生きているのであって、「未来」にも生きようという心がなくなったのである（現在は、「株式会社人間の目先き主義・刹那主義」のピークなのだ）。

経済の世界史の流れは、古代にすでに発生した資本の原理が完成へと向かって、じわじわと成長していたのである（生産方式の成長ともいう）。成長していたから、目に見える「現象」が古代型、中世型、近代型へと変わるのである（子どもが大人に成長するときの現象＝目に見える形が変わるのと同類だ）。その成長の年数は二千年以上もかかったのである（二千年以上をまとめて見るのが、総論の仕事だ）。

資本の原理の中世型の現象形態を、重商主義という。商人の行動では、仕入れ・販売しか目につかなかった。仕入れをするには誰かが「生産」をしていたのだが、その「生産面」（裏の側面）はまだ注目・重視はされなかったのである。そいうわけで、王侯貴族やカトリックはまだまだ経済の法則に従わず、自分の「好き勝手な統治行動（封建的な、あるいは絶対的な権力・政治優先行動）」ができたのである（政治＞経済の関係）。

西洋中世の統治権力は、カトリックである。教義（ドグマ）から見れば、成長してきた商人の行動が目の上の邪魔になってきた。商人たちがカトリックの及ばない海外にまで出て貿易をするようになると、カトリックの政治的支配力が落ちる。支配力を強化するために、宣教師も海外に出した。宣教師は、日本にまでやってきた。

日本では、田沼意次老中が重商主義を実施したが、松平定信将軍は「お上」の封建権力を絶対としていたので（お上共同体）、田沼は結局失脚させられた。田沼の重商主義は、封建制度・権力を破壊する性質のものだからである。しかし客観的な時代の要請は、もう田沼方式を求めていたのである。だから、田沼を失脚させた松平将軍は「歴史変動の視点」で見れば、「後ろ向きの姿勢をとった」ことになる（トランプ大統領と松平将軍とが重なるように見える）。中世ではヨーロッパも日本も、資本主義システムの経済法則＝資本の原理に支配されて統治するところまでには、まだ気がつかなかったのである（気がつかなくても、資本の原理は古代から客観的には存在していたのだ）。

近代になると、資本主義経済の法則＝資本の原理が誰の目にも見えるようになり、王侯貴族やカトリック・宗教による統治は資本の原理の邪魔になり、追放するべしということが明らかになったのである。そういうわけで、マルクスはじめ経済学者は、資本の現象形態（姿）が目に見えるようになった近代についてだけ、資本の原理＝経済法則を議論していたのである（資本の「完成した姿だけ」を議論していたのだ）。

近代型では、統治者の政治行動も、資本の原理に服従することが明瞭になった（政治は経済＝資本の原理に従うべし）。近代は万人が資本の原理に服して仕事をするから、経済強制の時代だというのである（人々の意識は、資本の原理に強制され、操られる）。古代、中世は資本の原理の強制力が弱く（法則が完成していない）、王侯貴族がまだ勝手に統治できたので、この権力行使を「経済外強制」（経済外＝政治権力のこと）として区別するのである（今の中国はまだ政治強制の時代であり、経済強制＝近代ではない。その点では、中国の政治のやりかたは、日本の戦前の段階だともいえる）。

近代になると、表の側面＝表現された人間の心、精神、意思的行動＝「主観性」だけでなく、裏の側面＝経済の法則＝資本の原理＝「客観性」が社会の表面に躍り出るのである（生産＝機械工業の確立。産業化（工業化）の時代。「生産点」を重視する＝人間の立場（人間の原理）よりも、生産・利益を優先する。過労死は、ここから出て来る）。だから、表の側面と裏の側面の両方が、誰の目にも見えるようになったのである。人間の心を操る強制力というのは、実は、資本の原理だったということである。

中間的まとめ

そこで、歴史教訓その一は、歴史は逆戻りしないこと（早い話が、人間はサルには戻らないことだ）。教訓その二は、歴史が動くのは歴史を動かす人物（新しい人材）が必ず出現するということ。教訓その三は、社会・国家の変動現象を、発生期、発展期、消滅期とすること、である（歴史教訓が理解できない人は、刹那主義者なのだ）。

古代が発生し、発展し、消滅して中世になる。中世もまた、発生し、発展し、消滅して近代になった。そうすると、近代もまた、発生し、発展し、消滅すると推理することができる（歴史の変動性）。この推理からすれば、先進諸国は現在、発展期にあるのか、それとも「消滅期」に入ったのかを、調べて見なければならない。発展途上国は「発展期」に入ったのか、最後に成長してくる後発国は「発生期」なのか、どうかを、調べて見なければならないのである。

しかし近代については、誰もが（政府、企業家、経済学者、自然科学者などが）「発展だけ（高度成長だけ）」を議論し、消滅期については議論していないであろう。かつて、『アメリカの黄昏』が出版されたが、関心は薄かった。近代だけは永遠に発展し続けるのだと、無意識にも思い込んでいるのだろうか。古代でも中世でも、発展期の人々は誰もが、発展は永遠に続くと思っていたのだ。しかし世界史の「変動」は、そうは行かなかった。発展期の近代人＝進歩史観論者も、発展は永遠に続くと思っているのだろうが、しかし、そうは行かないのである。

近代人は、世界史の変動をころりと忘れているのである。アベノミクス・骨太の方針も進歩史観であり、永遠に発展するという視点に立っている。今や発展を考えるのではなく、産業資本主義の上手な「締めくくり」方法と、上手なＩＴ革命時代への「乗り換え」方法を考える時期なのである。ＩＴ革命は、単に技術革新だけの話ではなく、「社会システム」が変動（歴史が変動）してしまうのである。多くの人は、「社会システムの変動」には気がつかず、単に技術面が大きく変わるとしか思っていないのだ。

『所さんの学校では教えてくれないそこんトコロ！』という、所ジョージのテレビ番組がある（テレビ東京系・金曜日）。内容は別にして、テーマは「言い得て妙」というものである。文科省の学校では、発展することしか教えてくれない（進歩史観をとっている）。だから、文科省教育では「発展だけという一面観」を教え、社会・歴史の変動に関することは教えてくれない。古代と中世については経験済みだから、発生、発展、消滅を教えてくれるが、近代については「消滅期」の見かたを教えてくれないのだ。

とにもかくにも、予見能力がない（未来音痴だ）。だから、近代型システムの消滅期に向かって何を考えるべきかは、「学校では教えてくれない」のである（先を見る必要が生じたら、「アメリカのまね」で済ますのだろう）。アベノミクスも文科省も、企業人も、多くの経済学者も自然科学者も＝現在の国家・社会の主流派・その支持者も「発展」しか議論していない。そういう人たちを全部ひっくるめて、私は、「これまでの人材」といっているのである。これが、中間的なまとめである。

近未来現象

現在では、先進諸国、発展途上諸国、最後に追いついてくる後発諸国というように、三種類の現象形態に分類されている。なぜ三種類かというと、それぞれの発生、発展、消滅の時期が違うためである。先進諸国が発展期を過ぎて停滞ないし混乱するようになると、今度は発展途上諸国が発展期＝最盛期になる。これもまたそのうちに停滞するころ、最後の諸国が、やっとおれたちの番がきた、ということになる。この後発国も消滅するまでには、百年以上はかかるかも知らない。それにしても、どこの国家でも一国が（たとえばアメリカの産業資本主義）が永遠に発展し続けることはない。

ついでながら、トランプ大統領の統治が「前向き」か「後ろ向き」かを判定する基準の一つは、つぎのようである。アメリカ統治の担い手＝主流派をＷＡＳＰ（ワスプ）という（Ｗ：ホワイト、Ａ：アングロ、Ｓ：サクソン、Ｐ：プロテスタントの略語)。これは、白人の中でもカトリック（主としてフランス系）を排除し（スペイン、ポルトガルは相手にせず）、プロテスタント（イギリス系）が統治することを意図している。WASPはイギリス系アメリカ人の白人至上主義をモットーにしてきたが、これが歴史的に変動するという大事件が起きた。

大事件は一九六三年で、WASPの後継者育成のために創設されたハーバード大学に「黒人の入学を承認」したことである。この大事件は、WASPの構成メンバーが、保守派とリベラル派とに分裂し、リベラル派が勝利して黒人入学を決定したのだ。以後アメリカは人種差別を卒業した（アメリカがドアを開いた）と、世界から賞賛された。この事件を基準にして、トランプ大統領の「後ろ向き」が証明されるのである。開かれたアメリカのドアを、今、大統領は閉じようとしているのだ。歴史は逆戻りはしないので、トランプ政権が後ろを向いている限り、長くは続かないだろう。昔からその時代が衰退するときには、一時的に「保守派」が強引に台頭し、最後の悪あがきを演じるのである。このときに「先見の明」がないから、社会混乱が生じるのだ。

近未来の現象を推理すれば、まず、イギリスやアメリカは、発展期は過ぎ、消滅期へ向いたと見るのである。イギリスもアメリカも、解決できない社会「混乱」を起こしている。例えば、一国主義だ。アメリカも一国主義を言い出した。イギリスは今でも国王の一国主義なのだ（自分の都合だけで、ＥＵに加盟したり、脱出したりする）。「国王は君臨すれども統治せず」と民主制を宣言して、実は世界の人々を「だましている」のだ（イギリスは、民主制度ではない）。国王は今でも最高の権力を握っている。国王は総選挙で国会議員に当選していないのに、国会には自由に出席できるのである（特権）。裏で国会を操っているから、特に国会に出席する必要もないのだが。このイギリスも、時代に合わなくなってきたのである。ＥＵ脱出（一国主義）は、もうタイプとしては古い方式なのである。

アメリカはグローバル＝世界市場の視点から、無理やり江戸幕府（一国主義）を破壊したのではなったか。それなのに今、みずから開いたグローバル時代に対処できず、一国主義＝自国優先に閉じこもるのは**後ろ向き**だ。ＩＴ革命はグローバルで、**前向き**なのだ。一人一人を国家からさえも解放し、国家の出番を最小限にしようとしているのだ。欧米先進諸国は、大量生産システム＝株式会社の拡大化の限界を知り、未来に向けた先見の明＝ＩＴ革命時代に即応した新しい国家・社会型を創造すればよいのだ。しかし、すでに過去化しつつある産業資本主義にしがみついている（「しがみつき現象」が見えたら「先見の明」がなく、衰退期の目印だと判断してよい）。

フランスやドイツは発展期の晩年であろう。中国が手を出し始めた「一帯一路」、「ＡＩＩＢ」戦略は、中国の発展期を示す目印である。発展期というものには「勢い」がある。だから中国が今度は、世界一を目指すという順番であろう（ロシアはまだ早い）。

三種類の諸国は、旧来の産業資本主義の枠内での主導権の奪い合いをしているのだ。中国が今世界一を狙うとしても、遅ればせながらの産業資本主義の世界一であり、ポスト産業型＝ＩＴ革命期への世界一争いではない。現在は、衰退する産業資本主義内での世界一狙いと、これから発展するＩＴ革命期＝ポスト産業資本主義への世界一狙いとの「**ダブル現象**」を示しているのである。これが、近未来現象である。

資本の原理はまず道具に働き、つぎに道具は心に働く。ＡＩの本質とは

　これまで進歩と呼んできたものは、実は、資本の「物質過程」（ハードウエア）の話であったのだ。視覚的にいえば、道具の世界の話である。心、精神等の話ではない。「心・精神が進歩する」ということはないのである。

　今、心＝情報処理の作品・新製品を並べてみると、低レベルから高レベルへと変化してきたこと＝技術進歩の証拠がわかる。進歩というのは、道具＝技術革新＝新製品の蓄積のことである。

　心というものは、自在に変化するものなのだ。だから、産業資本主義時代で進歩といわれた新道具＝新技術＝新製品を、「これから」は見捨てることもできるのである（心は自在に変わる）。見捨てる理由は、その産業資本主義の「質の変動」（時代遅れ＝ハードの時代ではない）という点である。未来に向けて採用するのがＩＴ革命であり、心はＡＩ機器を一目散に追い求めるのである。

道具なら、サルも使っていた。人間もサルと同様に身体や手足（ハードウエア）は、道具である。しかし、たとえばサルの牙と違って人間の犬歯は、道具性（武器性）を失った。だから武器は、手と脳・思考機能を使って人為的に工作するのである。養老孟司は、素手で人を殺すのは大変であるが（サル段階）、ピストルの弾（道具）一つで簡単に殺せるようになった、という（もはやサル段階を超えた）。これが、道具の「進歩」なのだ。戦争勝利＝正義は、道具＝兵器の進歩が保障するのである。だから、戦争国家なら兵器開発には余念がないのである（宇宙開発は、戦争戦略の延長だ）。

進歩とは、この道具という「物質過程」の話である。核兵器は「これまで」の物質文明の「進歩」の最高の目印であり、ノーベル賞の最高レベルの作品である。現在では、ＡＩ兵器、電磁波兵器開発が始まっている。こういうところに、ホモ・スツルッス（バカ族）の極みを見るのだが、欧米人のクセはまだ健在である。

ＩＴ、ＡＩ時代は、これまで未使用の自分の情報処理能力を大いに活用・開発することができる。たとえて見ると、産業化＝大型機械開発時代はいわば身体の手足・胴体＝ハードウエアの機械化であり、ＡＩ革命は脳＝心の機能＝ソフトウエアを機械化するのである（胴体の機械化から、脳・心の機械化へと、視点が上行する）。この点が、質的な変動なのである。

そこでＡＩの本質とは何かといえば、脳システムの情報処理機能（心＝意思、思考、感情等）を機械・道具に「置き換える」ことなのである。たとえば介護機器は、単にハードウエアの便利性だけではなく、親切な介護者のように、「豊かな感情」をもって介護に当たるロボットへの置き換えだ。人間の心は自在に変わるから、親切さにもムラが出る。要介護者を殺したりする。ロボット化するとそのムラがなくなる（情報の固定化という）。よき心の作用をいかに機械化するか、固定化するかが、課題となるのである。

ＩＴ化、ＡＩ化は同時に、無人化でもある。人間がものごとを「考え行動すること＝脳の情報処理」を、ＡＩ機器が代理をしてくれることを目指しているのである。機械化は大なり小なり無人化を伴ってきた。そうすると、ＡＩ時代はさらに、職を奪うものではないかと心配するのである。アメリカではすでに、デモが起きたりしている。産業革命後には、機械打ちこわし運動があった。アメリカの労働者は、ＡＩ機器打ちこわし運動でも始めるのだろうか。ＡＩ機器が怖いのは、機器のせいではなく、それを悪く開発する開発者・人間の心が怖いのである。

ＩＴ、ＡＩ時代が来ると、「困る」という人と、「自分の脳機能を開発できる」という人とが、分裂してくるのである。その事情は第二章で議論するが、結論だけをいっておけば、サラリーマンのような「他人依存症人間」が困るというのである。他人依存症人間は、自分の脳を自分のために活用していない人なのである（「困る」といっても、それは自業自得だ、というしかないのだ）。サラリーマンだけではなく、株式会社の社長もまた無人化の可能性はある。社長の椅子に座るのはＡＩ機器だ、ということもある。

社長の仕事の代理は現在ではまだ、序の口の段階である。しかしＩＴ、ＡＩ機器の進歩は、日進月歩である。すでにサラリーマン・労働者の仕事が機械に取って代わられている事例は常識である（省力化、省エネ化）。これは、他人依存症のサラリーマン・労働者は不要になるという時代がますます深化するのだと、敏感に察知しなければならないのである。だから、ＡＩ時代には今から準備せよというのである（第二章）。

ＩＴ、ＡＩ機器の本質は、産業資本主義時代とは「質」が変わるのであり、産業資本主義時代を排除していくのである。「これまで」の会社時代は情報を会社ごとに独占するのだが（情報は秘密）、ＡＩ時代では、そうではなく、万人が情報を共有するように変わる。情報を解放するのだ。だから、もしも会社が情報を解放するならば、会社自体が成り立たなくなるのである（会社は情報の私的所有主義であり、ＡＩ時代は情報の共産主義になる）。

ポスト産業資本主義ではまず、心＝資本＝ＡＩ機器という、イコール（＝）の関係ができあがるのである。資本・お金＞心（お金大なり、心小なり）の不等号ではなく、資本＝心という等号に変わる。**「心・脳こそが資本だ！」**という論理になる。資本＜心（資本よりも人間性優位）となれば、人間の原理そのものにつながるかも知れない。ＡＩ時代は、人間性優位に向けた「機械による最後の通過点」なのだ（百年以上は続くかもしれない）。通過点を超えれば、人間優位の時代になる（ＡＩ時代も終わる）。

ＡＩ機器時代だからといって、バラ色の時代になるかどうかは、よくはわからない。未来には未知数が必ずあるからである。ＡＩ時代については、過信しないほうがよい。ただ、**ＡＩ時代は一度は必ずやってくる**、ということである。未知数の予測としては、アナログがよいといった見かたが声高になるかも知れないということであ
る。未来においては、何が起きるかわからないという未知数があることを忘れないこと、修正する心がけも忘れないことである（大企業ほど組織上柔軟性がなく、修正が困難あるいは不可能となり、衰退を深める）。

脳の仕組みを学ぶ——最新の準備事項

ここで、がらりと視点を変えて見よう。これも、これまでにはなかった周辺を固めておく準備事項である。心＝資本主義においては、「能力」が物をいう。ここでは、「能力」という言葉を「脳システムの働き（情報処理機能）」だと「読み替える」のである（読み替えに気づいてほしい）。この読み替えにおいて、「脳システム」の仕組みの学習が「新しき常識」になるのである。

「これから」の時代では、「自分作りには脳科学の知識は避けないほうがよい」ということである（生きた教養）。それは、最新の脳科学によると、自分の脳システムの「仕組み」が自分作りをするのだ、というわけである。おれは「お上」の伝統や慣習に従って「自分作り」をしてきたのだという場合でも、それは自分の脳システムが、「伝統、慣習に従いますよ」という決定を下したからである（「おれは従わないよ」という決定も下せるのだ）。だから、伝統に従って損失を出しても、伝統の責任にしてはいけないのである。責任は、自分の脳ミソが決めたという自分自身にあるのである。**脳システムを知ると責任感が身につくのである。**脳システムの「**進化**」をわかりやすく示してくれたのが、時実利彦（日本の脳科学の草分け）であった。

彼は、人間（サピエンス）は「たくましく、うまく、よく」生きてきたと説明する（岩波新書の二冊）。大脳を持たない爬虫類以前では、生物は「たくましく」生きてきたという。哺乳類や鳥類が出現すると、小さいながら大脳ができてくる。人間以外の哺乳類や鳥類は、その大脳の働き（情報処理）により「たくましく」に加えて「うまく」生きるようになったという。その後に出現した人間は大脳が特に発達したので、「たくましく、うまく」に加えて、より「よく」生きるようになったというのである。「よく」は、「向上心」がつけ加わったということである。ここに、生物進化の世界でも、歴史変動と方向性があり、未来へと変化してきたという歴史性がわかる。

しかしすでに都市、都会では、子ども時代の「たくましい身体作り」の自然環境喪失のために、ナヨナヨ身体を作っているのである（自然環境の中で、毎日思いっきり遊びほうけることがない）。将来のたくましい人間作りは、地方、田舎しかない状況になってきたといえる（都会の子どもは「たくましく、うまく、よく」は育たないのだ）。

「これからの人材」は、自分の脳システムがどのような仕組みになっているかを知らずして、自己形成はできない時代だと、強調したいのである。脳システムについては、第三章で改めて取り上げたい。

第二章

人材形成の本番

実際的、具体的説明

自分のことは自分でせよ

第二章は、資本主義経済制度＝民法制度（民法は、全ての財産法上の原点だ）という「制度の中の人材」の話である。制度の背後には、人間の原理（自然の世界、生の人間）があることを、お忘れなく。たとえば、資本の原理＝民法の基本である制度上の「自由」と、人間の原理の基本である「自由」（J・J・ルソーなど参照）とは、同じ「自由」という言葉・文字を使うが、その意味・次元・質には「違い」がある。そういった、込み入った話は、第四章で若干取り上げて見たいと思っている（多くの人が口にする自由は、制度上の自由だろう）。

さて、人材形成本番の核心的な焦点は、「自分のことは自分でせよ（自分でする自由）」である。「これからの人材」は、この一点しかないのである。人間の原理に関連する言葉で文献上もっとも古いのは、「汝（自分）自身を知れ」（古代ギリシャのソクラテス）である。多くの人は、自分の身体や意識の外側・社会環境等に、意識を奪われがちであるが、たまには自分の脳システムをのぞき込んで見ればよい。脳システムは、「自分でする」仕組みになっているのだ。

「自分でする」ことを日常生活でいえば、「自分のこと（飯を食うこと）は自分でせよ、仕事をせよ、自分から仕事を作り出せ（仕事の発明）」である。これを最善性（ベスト）という。いいかえれば、他人の起こした企業・職場に採用してもらわなくてもよい、ということになる。最近、東京大学の一部学生集団が、「おれたちは卒業しても就職はしない」と宣言した。彼らは、「自分のことは自分でできる」と宣言したのに等しいのである。彼らが未来の「企画集団」（次項を参照）になれるかどうかを、見守っていたい。全大学生が、就職はしないと宣言するならば（サラリーマンをやめるならば）、ＡＩ時代はすぐに到来するだろう。「自分のことが自分でできる人」なら採用してもらう必要はない。これが、これからの人材の**モデル**である。

「これまで」の産業資本主義時代なら、サラリーマンは「採用してください」といい、採用されてはじめて、「自分の能力を貴社で大いに発揮します」ということであった。これを、次善性（ベター）という。次善性では、もしも採用してもらえなければ、もう「飯は食えない」のである（だから、就職試験では必死なのだ。自分で事業を起こそうとは、夢にも思っていない）。そういう意味で、サラリーマンは「他人（会社）依存症」である。サラリーマンが「歯車の一枚」になりたくないとしたら、「他人依存症」を克服しなければならないのだ（アメリカは多民族社会だから、依存症人間も多い）。この他人等「依存症人間」を、「これまでの人材」というのである。しかし「これからの人材」には、サラリーマンの次善性は通用しないのである。

サラリーマンに加えて、産業を動かして来た経営陣も「これまでの人材」である。株式会社は、「採用しますよ」というシステムであった。サラリーマン＝他人を採用しなければ、会社が動かないのである（経営陣も飯が食えない）。会社もまた、「他人依存症」なのである。産業資本主義・株式会社は労・使ともに、他人依存症システムなのだ。

また、社長の立場について、誤解が多い。企業家は自分で会社を起こすのだが、起こすと同時に、法律（商法）上の世界に縛られるのだ（これが制度上の人間というものだ）。つまり、企業家は、会社の主体ではなく、会社の代理人となるのだ。商法では、「会社が主体だ」と宣言しているのである。社長は、代理人としての自由があるのである。会社＝法人（法律上の人）＝主体だという法構造なのだ。

来る三〇年後のＩＴ革命期・発展期では、結局、「他人依存症」人間は社会淘汰（ゴミに）されてしまうのである。だから現在の経営陣も労働者も、三〇年後を念頭に置くならば、①今何をするべきか、②一〇年後には何をしていなければならないか、③発展期にはどういう能力レベルに達していなければならないかについて、今から計画を立て、準備を開始しておかなければならない。目標は、三〇年後には誰もが、とにかく「起業していること」なのである。それに、間に合えばよいのだ。

何も、大きな事業を起こさなければならない、ということではない。他人に依存しないで、自分の飯を自分で食えればよいのである（能力の自給自足ができれば、最高である）。一人の職人が、手仕事で、他人がまねできないような技能やアイデアを持っており、注文がかかり、一人で飯が食えれば十分なのである。ＡＩ機器は「人工知能」といわれるが、やはり、一人で飯を食うための「道具」でしかないのである。しかし、他人依存症を克服できない人から見れば、道具に駆逐されるというように、悲観的に思い込んでしまうのである。ＡＩ時代では、「自分の飯は自分で食う」という自己責任からは逃げられない時代になるのである。

ただし、三〇年後には、自分の起こした仕事は、ネットにより「世界の人々」を仕事相手にすることになる（国境がないと想え）。ネットは、そういう働きを持っている。一口に職人といっても、これからは「世界人間の中の自分」（日本国籍の自分でも、もう世界の自分なのだ）としての職人に、立場が変わるのである（ネットは、国家の存在を無視している＝グローバルで、一国主義・国家優先を否定しているのだ）。当人は国内や地域人間が相手だと思っていても、現実はもう「世界」なのである。たとえば日本人からは「注文が少ないなあ」と思っていても、ネットにより想像もしなかったスリランカから多くの注文がかかり、製品の仕上げに追いまくられるかも知らない。だから、事業が大きいか小さいかは、やってみなければわからない。

ネット時代の行き着く先は、誰でもがスーパーコンピューターを活用することになるだろう。ラーメン屋が、スーパーコンピューターを使い、世界に店舗を配置してもよいのである。そうすると、ラーメン屋もシミュレーション能力を身に着けなければならない。それが、普通のことになると思えばよいのである。その時代ではおそらく世界の人口が減少しているから、会社組織は縮小の一途をたどり、採用される人口は激減するだろう（会社の衰退）。福祉制度の資金も保障がない。都市の規模縮小も迫られる。ＩＴ革命時代なら東京に住みつく必要もないので、東京も衰退するだろう。自分でできる人は、都会、会社、労働組合、福祉など必要がないではないか。

自分のこと（飯を食うこと）を、他人に依存しないで自分でできさえすれば、来る三〇年後＝ＡＩ機器の全盛期には、大手を振って生きていけるのである。この点で、特に頭の切り替えをしなければならないのは、現状維持志向の、時代に遅れがちな「文系人間」と理系も含めて「サラリーマン」であろう。

企画能力が不可欠である

実際に、具体的に事業を始める場合には、まず、企画能力（仕事を作り出す能力＝仕事の発明・発見）が不可欠である。つまり、企画書ないし計画書の作成ができることである。

ネットで企画書を見た世界の人が、この企画なら是非そこの事業に参加したい（取引したい）というものがよい。また、この企画書を銀行に提示したとき、これなら納得ができ資金の貸し出しをしてもよい、というものがよい（銀行は今後は、有能な企画者をお得意さんとして探し回ることを、仕事にすることになる）。銀行が納得してくれるならば、企画者はあらかじめ資金を用意しておく必要もない。ただ企画能力さえ備えていればよいのだ。当人は、里山の風がそよそよと吹くところに住みながら、ネットで世界から自分の企画事業に参加してくれて、飯を食っていくという時代が来るのである。

　現在すでに東京都と、その周辺の数県以外の道府県の人口は減少している。今はまだ、都市一極集中の意識が働いているので、東京の人口はどうやら維持している。この反面として、すでに地方が衰退している。四〇年後には、日本の人口は四千万人が減少する見込みだ。このような点も、株式会社の衰退に拍車をかけることになるだろう。

「これまで」の事業者でも成功した人ならば、企画能力は備えていたことであろう。しかし、「これからの人材」なら、産業資本主義＝株式会社時代に即応した企画能力ではなく、ＩＴ革命時代・頭脳・心の資本主義に即応した企画者になることである。

　ＩＴ時代の企画で問題になるのは、ネットにより世界中を視野に入れておくことである。たとえば自動車製造の場合、ネットを見た、世界に散らばるＦ１レーサーから、思いもよらない多様な、個性的なアイデアが寄せられるかも知らない（大量生産の時代ではなくなる。情報は、個々の企業の秘密のものではなくなり、世界中の人々の共有になる＝情報の共産主義）。自動車一台でも、個性のある企画能力と世界中の情報に目を向けるという能力が必要だということになる。万人がそれぞれ自由にアイデアをネットで世界に発信すれば、産業資本主義時代では想像もしなかったアイデアが寄せられることであろう。最近ではドローン一つを見ても、多種多様なアイデアが飛びかっている。どれを見ても、各人の個性、企画能力がよく見て取れるのである（アメリカ軍部はすでに、ドローンを戦争攻撃用に開発している。困ったものだ）。

そこで、「今、何をしたらよいか」というと、今速やかに自分の計画を世界に発信すればよい。もう一つ、「人材育成」という点から見るならば、**小学、中学、高校、大学の授業科目の見かた、考え方を革命すること**である。すなわち、「企画能力ないし起案能力訓練用の科目」および「企画能力セミナー」といった実際的な授業科目を設置することである（できれば学生時代で創業し、企画能力を訓練しつつ、卒業したら独立すればよいのだ）。企画能力を核にした学校を新設するのも、時代に叶っている。この時代では、現実の「生《なま》の社会」を教科書にすることである。文科省学校の教科書では、企画能力は磨けない。できれば、小学生から「生の社会」を教科書として授業をするのがよい（学習型ではなく、体験型教育。ヒントはエジソンにある）。

そういうわけで、「これから」は、**企業組合とか商工会議所等が、企画能力関係の授**

業・セミナーをする「社会法人を設立するのもよい」であろう（大事な点は、文科省の支配を受けないことだ）。これは、よい就職をすることが目的ではなく、「自分で起業するために」能力を磨くことなのである（商工会議所の本来の目的はサラリーマンを絶滅させることになるであろうが、その議論は「商工会議所革命」として、別の機会に譲る）。

資本の原理には、「自分でせよ」が内在していた

そもそも「自分のことは自分でせよ」という要請は、資本の原理が確立した産業革命から誰の目にも「見える」ようになっていたのである。その目に見える形・制度の一つに、民法典がある。

民法の核心部は、「私的所有権」である。私的所有とは、おれのものはおれのものだ、という意味である。おれのものだから、煮て食おうと焼いて食おうと「おれの勝手だ」、ということである（所有は私が「オール」だということ）。また、おれのものに

ついては、他人の口出しや、手出しは百パーセントさせない、ということである（他人は「ナッシング」だということだ。オール・オア・ナッシングという）。ポイントは、「おれの勝手だ」という点である。この好き勝手ができることを、「自分のことは自分でする（自分でせよ。他人のまねをするな）」というのである。民法なら、「自分でせよ」は常識である。

それでは、資本の原理にも「自分でせよ」が内在しているのだろうか。ここで大事な点は、民法典は、資本の原理を法律的な言葉で「翻訳」したものなのだ、という点である。資本の原理にこそ「自分でせよ」が内在していたので、民法はその資本の原理を「私的所有権」という言葉を使って、法律論らしく表現したのである。だから、資本の原理には当然に「自分でせよ」が内在していたのである。

資本の原理＝民法の原理には、「自分でせよ」が内在していたから、これで資本主義がうまく運ぶかというと、そうもいかないのだ。なぜかというと、株式会社という組織自体の中に、実は「他人依存症」＝有能な労働者よ、ぜひ集まってください、その能力に期待していますよというように、会社の労働者への「依存症」があるからだ

（万事自分の計算だけではできないのだ）。

株式会社は、この有能な労働力を徐々に集められなくなってきたのである。大企業同士の有能な労働力の奪い合いのために、有能な労働力が得られない大企業も生じる。また有能な労働者は、大企業をも敬遠して、自分で起業していくのである（有効競争の限界＝株式会社の峠は越えたのだ）。それに対して、ますます増加する無能な労働者ほど、「採用してください」とせがむのである。大企業では、大企業としての「自分でする」という側面が機能しなくなってきたのである。株式会社に内在していた自滅の性質が、今では、隠せなくなったのである。

事業形態が変わる時代に備えよ

今や、自分のことは自分でするという方式が、じわじわと迫りくる時代に入ったのである。そしてそのことが、事業形態を変えていくという「変動」の時代でもある。

「自分のことは自分でせよ」という要請に叶う、個人力による仕事の形態は、「万人が事業家になる」という形態のことである（万人がサラリーマンをやめる。「卒業しても就職はしない」という形態）。仕事を会社組織的に消化する時代から、高度なあるいは個性のある個人能力により消化する時代に変わるのである（個人プラスＡＩ機器）。

自分の事業を拡大する場合、他人の手が必要なら、従来は会社組織で多くの人を集めたが、今度は会社でなく、個人の事業家同志がみな独立しながらも、ヨコの連携で何百人もの人たちが連携契約を結ぶ形態になるのである。すなわち、対等の立場で個人契約関係を作ればよい。世界の中の情報保持者が連携する形になる。会社組織はベストではないということがわかったのである。

労働者をいつまでも歯車にしてはおけないことが、わかってきた。わかってきたところで、株式会社はおいそれと産業資本主義方式をやめるわけにはいかない。安倍総理の「働き方改革」は、過労死もやむなしとする会社組織・利益拡大方式にしがみつき、少しでもまだ利益を追求できないかという発想である。それは、追い詰められた方式である。混乱を起こしても株式会社にしがみつくのは、経営陣が「資本の魂は自分の魂だと固く信じている（マルクスの言葉）」からである。「先見の明」があれば、「しがみつく」必要は何もないのだ。

このヨコの連携を実際に可能にするのが、ＩＴ機器・ＡＩ機器の開発とその活用である。ＩＴ機器・ＡＩ機器のさらなる高度化によって、そういう時代がくるのである。事業者はみな、ＩＴ機器・ＡＩ機器の未来を予測しなければならない。予測能力のあるエンジニアなら、個人で特許をつぎつぎと取得することであろう。こういう時代では、現在の「文系人間」は不要になるだろう（文系では特許は取れない）。つまり、誰もが「理系の教養」を身に着けていなければならない時代になる。理系分野の人たちが、これまでの文系分野の仕事を奪い取っていくのだ（理系出身だから、営業ができないという理由は一つもない。大手総合商社なら、一九六五年代に入ると、理系出身の営業マンを採用し始めた）。後に見る澤口俊之（脳科学者）も、アメリカでもすでに、その主張者は多い。

連携者は世界中にいるということになるから、たとえば、万人が外国語の一つや二つは普通に使えるのでなければならないと思うだろう（文科省は今、小学生から英語を教えることにした)。しかし、外国語を覚えるには時間がかかるから、翻訳機の開発を図るほうが合理的である(IT機器化。理系の出番)。翻訳機には日本語で話しかけても、アメリカ人の耳には英語で聞こえるようにしてくれるし、中国人には中国語で聞こえるようにしてくれるのである(外国人相手の観光ガイドには、このようなIT機器が使用され始めている。自動翻訳機の普及は早いことであろう。現在販売されている製品の自動通訳利用額は年間で一万五千円くらいだ)。

テレビでは、「ITメガネ」を紹介していた(試作品)。これは、ITメガネをかけて「英文」の本を見ると、メガネのITシステムが日本語に翻訳し、さらに付属のスピーカーから日本語で聞こえてくるのである。このメガネの研究は何年も前から、目の不自由な人がかけると、目の見える人と同じように周辺が見えることを目標にしていたのだ。

さしあたり、「本読みメガネ」という作品ができたということであろう。これが普及すれば、学校で外国語を学ぶ授業はなくなる。世界の外国語の授業が消滅し、世界の外国語の教師(サラリーマン)が失業するのである(AI製品の無人化)。

これで、英語を知らない人も、目の不自由な人でも、英語（外国語）の本が読めるということになる。さらに進化すると、目の不自由な人がＩＴメガネをかければ、街を自由に歩けるということになる（今後はさらに、研究を進めなければならないのだが）。この研究の発想は、物理学と医学とを組み合わせた方式なのである（総合ないし異分野の組み合わせだ。こうして、私が総合思考をせよといわなくても、もう具体的な総合化は開始しているのだ。総合化に気がついた人はまだ、少数派であるが）。

将来は仕事のために英語を覚え、使うことは、時間の問題で消滅するかも知らない。そもそもこれまでは、アメリカが一人勝ちという理解であったから（ＩＴメガネなど想像もしていなかったし）、英語とドルが世界を支配した。しかし、もしもアメリカが二等国に落ちれば（落ちるというよりも、途上国が追いついてきたのだが）、英語もドルも、姿を消す可能性はあるだろう。

いずれにしろ、ＩＴメガネのような機器が進展すれば、外国語を「覚える」必要がなくなる。世界のコミュニケーションの不自由を大いに解決してくれるということになる（コミュニケーションでは国境がなくなる）。とにかく、世界が必然的に大きく変動することは時間の問題であろうと、青年世代ならすでに予見しておくことと、その対処を急ぐことである（これから進学する人はみな、理系を目指せ）。

事業形態変動の一事例を

ＩＴ革命の本質は、コミュニケーションシステムの変動を迫る。いいかえれば、一人一人の人間関係・絆が変り、会社時代の組織的な人間関係を分解していくのである。コミュニケーションについていえば、会社組織もコミュニケーションの結集体であったが、コミュニケーションは直接に顔を合わせるという「行動」を伴った（会社に出勤するという行動）。コミュニケーション機器が発達してくると、直接の顔合わせから間接的な顔合わせにしてくれる。ＩＴ製品・ネットが媒介して、各人は顔を直接合わせることなく、会議＝コミュニケーションができるのである（一定の場所に出向く行動を省略する）。この方式は、ずいぶんと普及しているだろう。

すなわち、各人は自宅にいても、海外にいても、どこにいても、ネット道具を介して会話ができれば、もう顔を合わせる必要はないのである（顔を合わせるのは、飲み会だ）。そうなれば、会社へ出勤する必要もなくなってくる。これを、道具が会社組織人間を解放して、独立した個人でいられることを保障してくれるというのである（ここに、従業者・サラリーマンを辞めて、個人のフリー契約に切り替えるスタート地点がある）。会社だけではなく学校の授業でも、通学する必要はなくなるだろう。また、小学校入学でも、ネットにより世界のどこの小学校に入学するかも、自由にできるのである（入学が決まると、その国へ移住するかも知れないが）。

日本国憲法によれば、国民は文科省の教育を受ける「義務はない」と定めている。「義務教育」というのは、国民から教育をしてくれという権利要求があれば、国家には教育しなければならないという「国家に義務が生じる」という意味である。だから、どこの国の教育を受けるかは、現在の憲法ができた昭和二二年から、当人の自由だったのである。これまではただ大衆は貧乏で、外国の教育を受ける資金がなかっただけである（津田梅子は、金持ちの娘だったから、小学生でアメリカに移り、アメリカ教育を受け、津田塾大学を創設した)。

また、企画能力などで「実力」さえつければよいのであるから、卒業成績とか卒業証書(学歴とか学閥)などは不必要になることであろう。このようなことは、「これまで人間(文科省も)」は想像さえしなかったことであろう。もしかすると人口減少により、文科省も消滅するかも知れないのである。市町村の教育委員会があれば十分だということになるかも知れない。中・高校以上なら、企画能力育成スクールで学べばよい。

最近の事例では、子持ちの主婦が子守をしながら、自分の好きな手芸を自宅で開始し、それをネットで紹介する人がいる。そうするとすぐに反応が表れて、交流とか販売につながるのである。これが、ネットの力である。もしも人気が出て来ると、国内はもちろんのこと外国にまで情報を発信し、外国からも注文が来たりする。この主婦の売り上げが、サラリーマンである夫の給与を越えたりする。将来は、そういうことは普通のことになるだろう。情報機器社会は、小さな事業でも将来何が起きるかわからない。

情報機器による個々人への解放は、組織の崩壊を導く(会社組織不要)。独立した各個人の契約で結合しつつ、製品を生産し、販売し（物々交換も可）、情報を処理するのである。契約関係者が、何千人になろうとも、個人契約でいけるのである。組み立て部分なら、多くの場面ではロボット（ＩＴ、ＡＩ機器）が担当することであろう。だから、注意するべきは、日々どのような便利品が発明されるかについて、先々を見通すことだ。これからは、個人中心で、個人の自発性、自主性、個性が大いに発揮できる時代が開始するのである（自分の好きなことをして、飯を食う時代になる）。このような個人はみな、「先が見通せる人」でなければならない。「未来志向性」なくしては生きられないのだ（未来音痴を許さない）。

先を見通す能力者が人材だといわれるためには、肝心のＩＴ製品・ＡＩ機器が三〇年間の間にどのような方向で、どんな製品を開発していくかを、相当程度ハッキリと知っておくのがよい（早い者勝ちだ）。特にスーパーコンピューターを個人事業者も利用できるようになったら、自分は何をするかも考えておくのがよい。「これから」お目見えするスーパーコンピューターは、「多機能性」が特徴となる（「これまで」のスーパーコンピューターは、「計算のスピード」が特徴）。だから多種多様な、あるいは、ほとんどの事業分野の人が利用可能になるのである。裁判においても、事件データをインプットすれば、スーパーコンピューターが瞬時に判決を下すことであろう。「これまでの人材」の裁判官、検察官、弁護士は不要になる。つまり、司法試験（文系）は不要になるのである。政治家の仕事も、官僚の仕事も、プロのシミュレーターがスーパーコンピューターを駆使し、シミュレーションを深めることになる（政治家、官僚も理系出身になる。中国政治家のトップ層は、意外にも理系が多い）。

いずれの場合にも、シミュレーション能力が特に必要になる。シミュレーション能力の高度化は、企画能力を精密化する。今やそういう方向に向かっているのである。

好きで、面白くて、やめられないものを仕事にせよ

以上により、歴史が変動する方向性がわかったことであろう。その方向に適応するには、自分のことは自分でせよ、といってきた。それでは、どうすれば他人依存症が

克服できるのか、ということである。その決め手は、「好きなことをする」という一語に尽きるのである。

好きなことをするということは、やりたくないことはやらないでよいのである。結局、一番大事なことは、好きなことをするという意思を確立することである。昔から、「好きこそものの上手なれ」といわれてきた（「上手」が「得意」に変わる）。その通りなのである。誰しも、好きなことをしていられるならば、その意思は自分でも気がつかないうちに強固になっているのである（この手本が、エジソンだった）。

好きなことだけをして飯も食えるなら、それが一番よいと思うだろう（ゴルフの好きな人が、ゴルフで飯を食うなど）。一番よいと思ったら、そうすればいいではないか。ただそれだけのことである（趣味でも「飯が食える」方法はあるということだ）。「飯を食う」という一点で、趣味とは違いビジネスになるのだが、趣味を生かしたいと思う人は、その趣味に「ビジネス性」を付加すればよいのである。

かつて高度経済成長が実現したとき、脱サラをして、事業を始めた人がたくさんいた。結果は、多くの人がまたサラリーマンに戻った。つまり、事業能力・ビジネス能力のないことが判明したのである。事業能力がないということは、自分のことが「自分ではできない」ことを意味している。サラリーマン=他人依存症になるしか、解決の方法がなかったのである。

日本人の依存症に対して正反対の、中国人の営業マンの一事例を紹介しよう。日本人とは、全く違う意識を持っている（すべての人がそうだということではないが）。今、一つの企業に営業マンが二人いたとしよう。中国人には、日本人の「協調性」とか、会社に「貢献すべし」ということがないのである（日本の企業は、お上共同体だから、協調性・一丸となって・「億兆心を一にして」が要求されるのだ）。企業側も、貢献せよとはいわない。二人とも、一日も早く独立して事業をやりたいと思っており、今はそのための見習いくらいに思っているのである（雇われてペコペコ頭を下げるのが嫌いなのだ）。

具体的に見よう。一方が、国際電話で日本の営業マンと取引の交渉をしている。他方の営業マンは脇で、知らぬ顔をして、一方の営業マンの話をよく聞いているのである。一方の人が交渉を終えると、他方の人は即時に日本の営業マンに電話をして、

「先ほど、単価一〇〇円で交渉していたが、私なら八〇円で商品を出せますから、私の話で契約をしませんか」というのである。

この二人の営業マンは、同じ企業内であっても他人同志という激しい競争をしているのである。中国人が事業家になりたいという意識は、強烈なのである。中国人は一人一人がエネルギッシュであり、バイタリティの固まりだ、という点がある。これは、生物が「たくましく生き延びる鉄則」である（日本人は、中国人のあふれるバイタリティを見習えばよい）。このバイタリティ人間が鄧小平以来の市場経済（資本主義に同じ）の理屈をマスターすれば、欧米を追い越すとしても、それは不思議ではないのだ。多くの中国人は、他人の起こした企業にいつまでも雇われているのが大嫌なのである。「自分のことは自分でしたい」のである。

ここで、結論が一つ出てくる。好きなことをやること＝自分のことを自分ですること＝事業を起こすことは日本人にとっては、実は、かなり難しいのだということである。多くのサラリーマンは、その難しさを、大人になってから（就職してから）ようやく気がつくのである。就職をするまでは「自分のことは自分でする」ことを身につけず、よい就職を目指して文科省の授業で「よい点数を取ることだけ」をひたすら追い求めていたのである。この文科省教育依存症が、手遅れの原因なのである。もっとも日本人ならばその多くの人は、学校でよい点数を取れば、「まさか手遅れになるとは」夢にも思ったことがなかったのであろう（文科省の学校教育方針は、時代遅れだと気づけ！）。

文科省のテストの点数依存症は株式会社の発展期の現象であるが、「先を見られる人」はもう、文科省授業でよい点数を取るとか、塾に通うという他人依存を見捨ててもよいのである。東大生の「就職はしない」宣言者は、「自分のことは自分でやろう」と自覚したのであろう。もはや「よい点数」を取ることは、二の次、三の次でよいのである。

特にサラリーマンは、「これから」のＩＴ革命時代に即応した人材に頭を切り替えなければならないが、今それに気がついて切り替えをしなければ、間に合わない場合が生じるということである。

特に、現状維持学生、安定性志向学生は、後悔しないように。

第三章

自分形成のために

脳システムの仕組みを知る

本書の新しい視点——小学六年生までが勝負だという視点

この章は、脳システムが「自分形成」をするので、その仕組みを知っておこうという話である。すでに触れたが、能力とは何のことかといえば、脳の働き＝脳の情報処理だということであった。自分形成とは、そうすると、自分の「情報処理能力」の「形成」だということもわかるであろう。そういうわけで、脳システムの仕組みを若干見ておこうと思うのである。能力作りの第一歩は、「自我」を育てることである。

子どもの育てかたには、二種類がある。一つは、「これまで」の文科省の教育である。幼稚園から生涯にわたり「教えてやる―覚えろ」という教育である。役所に「生涯教育・学習」という社会制度があるが、それは大人、老年になっても実質は子どもだから、「教えてあげるよ」というわけである。教えてやる必要のない大人を育成する方が、まず第一の話であろうに。もう一つは、「教えない―自分で考えろ」という方式である。

私のいう教育は、後者すなわち「教えない」教育である。日本人は、教育といえば「教える」ことだと思い込んでおり（生徒は覚えることだと思い込んでおり）、何の疑いも持たない。中国では孔子が、二千年以上も昔に、「教えない教育」を明言していた。これでは、日本のトップは中国のトップに叶わないとしてもしかたがない。中国のトップ層は、悪知恵も含めて知恵があるのである（悪知恵も知恵の内だ。世界の知恵の頂点が、イギリスのエリートたちだ）。

以下の説明は、考え、創造し、「自分のことは自分でする力」を育てる内容である。ここに、「自我」の確立がものをいうのである。

自我の具体的な行為は、「自分のことは自分でする」ことである。その実現の保障は、「自分の好きなことをする」のが一番よいということであった。決め手は、小学六年生までに「自我」の基礎を形成することである。そういうわけで、子どもの将来を考えれば、親は今の時代変動＝三〇年後のＩＴ革命の発展期・隆盛期を見通した子育てを自覚しなければならないのである。

日本人の品質改良

ＩＴ革命時代に備えた人材育成には、「これまでの人材」の品質＝**他人依存症**と**未来音痴**という品質を改良しなければならないのである。品質改良の開始は、遅くても三歳からである。そして、小学六年生までには品質改良の基礎をクリアしておかなければならないのである。多くの親は、この小学生までの品質改良には、まったく自覚がないのである。子どもに学習の指導ができない親は、塾に行けということになる。こうして親が、他人依存症の子育てをしているわけである。

塾にまかせても、もしも生まれてから六年生までに「踏むべき手順」を踏まなかったとしたら、大人になってもＩＴ革命時代＝頭脳資本主義時代に叶う人材には、もはやなれないのである。他人依存者で大人になるから、生涯「教えてくれ」人間になるのである。小学生までが勝負だという点は、脳システムの「仕掛け」がそのようにでききているためである。

脳の機能（ソフトウェア）は、時実利彦によれば、三段階を経て大人の脳に成長するという。一段階は生まれてから三歳まで、二段階は三歳から小学入学ころまで、三段階は一〇歳くらいまで、である。中学生になると、脳機能はほとんど大人に達するのである。私は、八歳でもなく、一〇歳でもなく、六年生までは自我の基礎形成の期間だと、長い目に見ているのである。三段階の各段階でやるべきことをしないで中学生になると、基礎のない大人にしかならないのである。それを、脳科学は教えているのである。

文科省が、進学では理系と文系とを分けているが、それは株式会社型に対応したものである。ＩＴ革命時代は、「理系人間」が世の中を動かす時代になる。**もう文系はいらない**、そういう時代がくるのである。六年生以下の子どもは、理系を目指せ。

そこで、誰もが知って損をすることがない子育て＝品質の改良を取り上げておこう（生きた教養だ）。子育ての順序は、すべて大脳の成長の順序にその答えがあるからなのである。大脳の仕掛けの概要を見ることにしよう。

脳システムの仕組みの概要

大脳システムは、五種類の脳葉（部位）が分業しつつ協業している。その中の四種類が、前頭葉、頭頂葉、側頭葉、後頭葉である。この四種類の脳部位の外に五番目の「前頭連合野」という部位がある。前頭連合野が、大脳システムの働きの核心部である（連合野システムは、連合＝総合する機能なのである。私の『総合科学論入門』の主張は、脳システムの連合機能に根拠があるのだ。脳科学では連合というが、私は総合といっているのである。文科省教育は、脳の各部位の「分業」機能だけを実行しており、「連合（協業、総合）」機能を活用していないのである）。

他人依存症は、前頭連合野の育てかたが不十分だった事態なのである。不十分さは、科学者にもいえる。たとえば、武田邦彦『エネルギーと原発のウソをすべて話そう』（産経新聞社）の中で、「科学の思想や原理原則がおろそかにされている……日本社会自らが血を流して獲得したものではない」から（ガリレオなら、命を懸けた）、いいかえれば、単に「学校で習って覚えたものだから、実生活に取り入れられるにはいたっていない」という説明がある。「実生活に取り入れてはいない」の意味は、単なる知識で終わっている、ということだ。私はその点については、科学の原理原則が「日本文明」としてはまだ定着していない、と解釈しているのである（多くの日本人には、セオリー思考がない）。武田は、多くの日本の科学者も欧米依存症なのだと見ている。

この依存症は、前頭連合野の仕掛けの手順を踏んでいないということなのである。いいかえれば、学者の多くも、側頭葉＝ＩＱ・知能指数＝知識（分業）だけを多くしているということである。そこで、主として前頭連合野に注目していこうというわけである。

八つの知性と自我

まず、「自我」の形成について、「うまく、よく」まとめたものが、澤口俊之の『幼児教育と脳』（文春新書）である。意外にも、教育学者にはそのような著書はない。多くの教育学者もまた、武田が指摘した依存症学者なのである。アメリカの学者は、創造性が明確に要求される。この点が決定的に違うのだ。

それでは、澤口のいう「八つの知性」とは何かを見ていこう。①言語的知性、②絵画的知性、③空間的知性、④論理数学的知性、⑤音楽的知性、⑥身体運動的知性、⑦社会的知性、⑧感情的知性である（澤口　一八、一九頁）。この八種類を、「多重知性」という（四種類の脳部位の機能）。ホモ・サピエンス種が一〇万年ばかりの間に継続してきた情報化社会の、古くからの知性は、⑦と⑧であるという。「論理数学的知性」や「音楽的知性」などは、ここ二千年程度の、歴史的には新しくつけ加わった知性だ、ということになる（⑦と⑧が特に重要）。

この八種類の外に、もう一つある。それが、前頭連合野の部位である。それは、八種類の知性を統括する知性＝「超知性」（スーパーバイザー）だという（澤口理論の大事なポイントだ。超知性＝前頭連合野が、八つの知性を管理監督し「まとめている」と思えばよい）。脳システムは、「統合・総合」するシステムなのだ。その中心的機能が「自我」形成である。だから、「自我」を形成しなかった人は、八種類の知性をうまく統合（組み合わせ）できず、八種類がバラバラ、アンバランスになるのである。性格や意欲にも「偏り」が生じてくるのである（今は、デジタルに偏っている）。

それでは、「自我」について、澤口を引用しておこう。すなわち、

自我：自分のもつ多重知性を総括してうまく操作し、将来へ向けた計画を立てつつ前向きに生きる知性。多重知性の統括者、「スーパーバイザー」として、最も高度な働きを担う。人格（性格）、理性、さらには主体性、独創性・創造性などにもこの知性が中心的役割をもつ（一九頁）

のだという。自我が成長すると、「先見の明」（未来予見と計画的な行動）も身につくのである。「自我」と「前頭連合野」の二語を記憶しておいてほしい。

つぎに、八種類の各項目について、説明をしよう（原文に沿う）。言語的知性は、言葉を理解し、記憶する。絵画的知性は、視覚対象の形態やパターンを理解し、記憶する。空間的知性は、モノの位置、速度、関係などを知覚し、記憶する。論理数学的知性は、数学的記号を理解し、論理的に操作する。音楽的知性は、音楽を聞いて知覚し、理解し、記憶する。身体運動的知性は、姿勢や運動の様子を知覚し、記憶する。社会的知性は、社会関係を適切に営むのに必要。感情的知性は、他人や自分の感情を理解し、記憶し、自分の感情を適切にコントロールする。

この八種類の知性は、ほとんどが左右の側頭葉で情報処理される。IQ、知能指数、偏差値の部位だ。しかし、自我＝性格形成や主体性形成、多重知性の総合の部位ではない。前頭連合野を育てないで、側頭葉ばかり訓練していると（分業ばかりしていると）、主体性のない、自発性のない、創造性のない、知恵のない人間、しかし教えられた知識だけは「覚えている」人間ということになる（「覚えた」というだけの、役に立たない知識。現在のエリート官僚が一つの見本だ。知識は豊富だが、知恵がない。知恵のある官僚を引き合いに出すときには、イギリスの官僚を指摘するのが常である）。

文科省の学校教育は、側頭葉（ＩＱ）ばかりを訓練しているのである。考える暇を与えず、つぎつぎと教えてばかりいる（日本の後追いをしているのが、中国であり、韓国である。日本を攻撃するような点がよくみられるが、ホンネでは日本に早く追いつきたいのだ）。覚えろ、覚えろという。文科省、ＮＨＫ、テレビの解説員や文化人、コマーシャルなどは、一方的に「教えてばかりいる」のである。たとえば池上彰は一度、一切を教えないから、あるいは解説をしないから、「全部自分で考えて見ろ」といって見たらどうであろうか。誰もが自分で考えるようになると、池上彰は失業する。彼の仕事は、国民の無知の上に成り立っているのだ。

前頭連合野と側頭葉とは、分業をしている。だから、知能指数が高くても前頭連合野の中の、たとえば人間味のある人間とか、原理原則を発明発見する人間になれる保証はない。知恵のある、あるいは高潔な目的保持人間になれるように、自我を育成しなければならない（文科省の教育は、日本がまだ後進国だった時代の思考のままなのだ。進歩史観をとっているにしては、実質的な進歩思考をしていない）。

澤口は、目的志向性を三種類に分けている。三種類とは、小目的、中目的、高目的である。小目的は、家族、友人、地域などの周辺のための目的である。中目的は、社会活動をするようなことである。高目的は、人間の原理や「もの・こと」の真理追求などである。政治家、官僚、社長、サラリーマン学者、解説員など文化人の多くは、中目的思考である。前頭連合野を訓練した人なら、真理レベルまで追求するのである。前頭連合野は、高目的を実践するために備わっているのだ。

視覚器（目）の仕事から

人は目を開けさえすれば、外界の刺激（可視光線）が無意識のうちに身体に入り込む。この刺激が脳に達すると、脳は自動的に情報処理をする。処理の結果としての情報ができ上ると、ようやく意識が、もの・ことを理解するのである。

たとえば東京駅の前に立って、東京駅を見たとしよう。目が東京駅を見た瞬間に、意識は「これは東京駅だ」と意識する（わかる）。ほんの一瞬のうちに、「わかる」のである。

しかし、意識が東京駅だとわかる、そのわずか一瞬のうちに、実は、視覚器と大脳が連携して、情報処理を済ましているのである（電気・光と同じスピードで処理しているから早い）。この情報処理は、意識が開始するよりも先に処理作業をしているのだ。だから、この処理作業を、「無意識」の作業だ、というのである。ここに、**無意識の世界**と**意識の世界**との区別が生じた。無意識の情報処理を、自動機械にたとえるという人間機械論の主張になったのである（だから、ＩＴ、ＡＩ革命が生じても不思議ではないのだ）。意識を重視する人たちは、人間有機体論を主張したのである（ＩＴ、ＡＩ革命を心配するだろう）。養老孟司は、意識が働く前に、必ず無意識が働くプロセスがあることを、重視している（無意識の世界が意識の世界をどの程度支配しているかは、これからの研究によるだろう）。

目で物を見ると、自動的に心・脳が働き出す。これを、「目は心の窓」だというのである。専門家は、人間は視覚動物であるという。犬なら、嗅覚動物である。視覚動物だという意味は、五感のうち視覚の占める割合が七〇パーセントだ、ということである。他の四感で残りの三〇パーセントを占めるのである（人は、目で見るまでは、なかなか信用しない。百聞は一見に如かず、なのだ）。

そこで、目の仕組みについて、いきなりだが網膜の仕組みを見よう（眼球は一二部品からなる。網膜はその中の一つだ）。網膜は、杆《かん》体細胞（一億個）、錐《すい》体細胞（六百万個）、双極細胞（二千万個）、視神経節細胞（百万個）、視神経（百万本）から成り立っている。多数の細胞が網膜に張りついていることにより、正確に物を見る（外界の刺激を無意識にも正しく受容する）という機能を果たしているのである。鳥類の目は昆虫の擬態を見逃すというが、人間の目は誤魔化されないのである。

一例として、私が東京駅を見ているとしよう。視覚は可視光線（光刺激＝情報源だが、情報ではない）だけを受容するのであって、形、像、色彩は目で見ることができない（目はコピー機ではない）。網膜に張りついている杆体細胞は、反射光線としての対象物（東京駅ビル）を線に分解して（何十万本、何百万本など）受容している（二次元世界）。錐体細胞は、光の波長量（物理量）だけを受容している（色は見えていない）。たとえば赤色の波長は五六〇ナノメートル、緑色は五三〇ナノメートル、青色は四二〇ナノメートルであるが、錐体細胞はそのナノメートルという物理量を受容している。

杆体細胞も錐体細胞も光線を受容すると、興奮して電気を起こし、双極細胞に流す。双極細胞はこの電気エネルギーを信号に変えて、つぎの視神経節細胞に流す。視神経節細胞は、視神経へとシナプスする（インパルスを飛ばす）。視神経はインパルスを受容し、大脳の後頭葉にある視床に伝える（無意識のうちに行われている）。以上で、目の仕事は終わりである。目が不正確な信号を視床に送るなら、脳システムは不正確のままに情報処理をしてしまう。正確さのために、感覚器は精密にできているのである。

脳の仕事＝情報処理の開始から終了まで——脳のソフトウェア機能

視覚器から視床に送られた東京駅の信号は、視床の采配により、後頭葉にある第一次視覚野へ送られる。第一次視覚野は、電気信号（多数の線）を調べて、姿、形、動きなどの立体化を開始する。それをさらに正確にするために、第二次視覚野、第三次視覚野へと送られる。各視覚野が、視覚に関する情報処理をする（ここではじめて情報になる）。もうひとつ、色彩の処理がある。色彩の情報処理は、五六〇ナノメーターの物理量なら赤という色を与えるのである。この処理によってはじめて、ある葉っぱは赤いと認知することになる。視覚野で形・像や色が決められたが、この形がビルであるとか、ビルでも東京駅であるとか、赤い葉でもカエデの葉だといった知覚（認知）、知識、判断は、視覚野では決まらない。

これを判定するには、視覚野（後頭葉）の情報が知覚野、知覚連合野（側頭葉）に送られる。この知覚野は、知覚（認知・判定）、思考、記憶などを担当している（八つの知性のほとんどができあがる）。この知覚野での認知で、ようやく意識は東京駅だと認識するのである。視覚器からの信号が知識になるのは、側頭葉である（ここまでの処理が、一瞬のうちに処理される。感覚器や脳内の仕事と、意識の仕事とを区別せよ）。

額《ひたい》の内側には、前頭連合野がある（前頭葉の一部。たとえば、46野など）。それは、前頭葉とともに意欲を起こしたり、自我を形成し、企画・計画、創造をしたり、感情・喜怒哀楽をコントロールする部位である。特に前頭連合野の「統合」機能は、澤口理論の説明の通りになるのである。

五感のうち視覚だけを見たが、他の四感覚もまた同じようにして、脳の各部位をつぎつぎと渡り歩いて、最後には前頭連合野の情報処理で終了するのである。脳は生き物（細胞＝ほとんどがタンパク質と脂肪）であるから、脳の性能をよくする食物を摂取することも必要である。いわゆる頭の悪い人の原因は「脳の育てかた」も悪いが、脳への栄養も悪いのである（栄養に偏りがある。偏るとドーパミンなどの分泌が悪くなる）。

自我形成の手順

子どもは三歳ころには、自我を形成する前頭連合野の働きが始まる。井深大社長が『三歳では遅すぎる』を書いたのは、自我形成（特に、大人向けの、まともな性格作り）はすでに始まっているということであろう。昔から、「三つ子の魂百まで」といわれてきた。「魂」は、「自我」の意味であろう。「三つ子の魂」ができる前と後とでは、子どもの大脳の活性が質的に変わるのである。三歳ころから六年生までの間に、大人用の脳を作り上げるのがよいのである。この時期を外すと、大人用の大脳、特に前頭連合野が育たないのである。この意味で、**六年生までが勝負だ**、というのである。

もしも中学生になってから前頭連合野を育てたいという場合には、もう一度幼児期までさかのぼって、順序に従ったやり直しが必要になるのである。

その順序を、簡単に見ておこう。生まれた時には赤ん坊は、何事も自己中心である。腹が減れば、親の都合などおかまいなしで、泣きわめく。這いまわれるようになると、親の都合などおかまいなしに、チョロチョロして危ない。まさに勝手である。これは、赤ん坊ながらに「たくましく生きる」本能を身に着けているからなのである。この従来から「本能」といわれてきた脳部位は、「大脳辺縁系」と名付けられた神経組織である。辺縁系は、大脳（新皮質）の内側にあり、脊髄につながっている。ワニなど大脳がない生物は、辺縁系に相当する神経組織で「たくましく生きてきた」のである。

人間の一、二歳児は、この辺縁系の機能中心に行動する。辺縁系が活発に機能するとその刺激で、大脳（特に前頭連合野のハードシステム）がようやく目を覚まし、大脳の機能（ソフト）を開始するのである。この開始が、三歳ころだということになる。親が、一、二歳児の辺縁系の発動を抑え込むと、大脳の成長、活性化を不発にしてしまうのである。子どもは辺縁系の機能を発揮することで前頭連合野に刺激を与え、自我形成が開始し、六年生ころまでには「大人並の大脳」を構築するのである（大脳辺縁系と前頭連合野との連携を知ること）。

辺縁系の機能はまず、前頭連合野の性格づくりに影響する。三歳過ぎると基礎的性格はできあがり、活発な幼児（言葉の発達程度も含む）、あるいは不活発な幼児の差が見られるようになる。それは、辺縁系の活動が正常に機能したか、しなかったかという違いによる。だから、一、二歳のころの、親の「手入れ」が問題になるのである。辺縁系機能を発揮させられなかった子どもは、大脳の成長に大いなる刺激を与えられないので大脳が活性化せず、したがって大人になっても、主体性、創造力、意欲（やる気、好奇心）、集中力、計画力、豊かな感情などの機能の働きが悪いのである。

多くの親は、子どもが中学生になると学習内容が高度化するから、勉強せよとうるさくなる。しかし、三歳ころまでに辺縁系の機能が育てられなかった場合には、大脳の自我もよく育たないから、中学生が学習をしようと思っても、もはや学習に意欲もわかないのである。いやいやながら学習をするから、面白くもなく、楽しくもなく、集中できず、他人が見ていないとすぐにサボるのである（他人依存症になっている）。

三歳を過ぎたら今度は、前頭連合野の働きが始まるので、自主的に、自発的に学習する環境を用意してあげればよいのである。ただし、親、大人があれこれと「教える」ならば、前頭連合野の自我はうまく成長しない。「教えてはいけない」のだ（孔子を想起せよ）。どこまでも「幼児の自主性」を促すのがよい。一口にいって、何事も「自分から開始する」という性格を育てるのがよい。幼児は自然には、「何でもかんでも自分でやりたがる」ものなのである。つまり、自己主張の固まりなのである。すべての子どもは、生まれたときから自己主張の「性格」を備えているのである（性格は六〇パーセントくらいは遺伝であろうという。しかし、四〇パーセントの育てかたで、適切な環境におけば、性格もずいぶんと変えられる）。自分からやろうとしない子どもは、親から辺縁系の活動をずいぶんと抑えられて育ったためであろう（一、二歳児に「よい子になるために、あるいは、躾のために」といって本能を抑制するなど）。

自我形成の事例

多くの親の場合、「また泥んこだ、やめなさいよ！　洗濯が大変なんだから」という事例が、普通のことであろう（保育所ではあえて、泥んこ遊びをさせる事例も少数はある。幼稚園ではありえない）。基本は、自発性を促進するように泥んこ遊びに熱中させてやるのがよいのである。これが、親の最初の教育＝「熱中」促進＝自然的な教育になる。親は文句を言わないで、せっせと洗濯をすればよいのである。子ども自身としては当然のこととして遊びほうけるものであり、自分から「やりたがる」ものなのである。**「やりたいことをしつつ」、そのまま大人になればよいのである。**多くの日本人が欧米人のように成長しないのは、日本人の親が「親の都合」（慣習・伝統的な常識が多い）で子どもにチョッカイを入れ過ぎるからである。親が子どもに注意を与えるとき、しばしば「怒り声」を出す。「何度いったらわかるのよ。このバカが！」、などである。注意するのなら、平常心で理性的にするべきである（多くの親は、感情が先走る）。

子どもが自発的に遊びを開始するのは、「自然」である。自然だということは、早い話が、サルや犬の子どもと同じだ、ということである。伝統や常識に服している大人は、この点を認めたがらないで（そういうことは知らないで）、大人と同じ行動を、早くから（一、二歳から）仕込めば仕込むほど立派な大人になると思い込んでいる。遊びを叶えてやらないで、早くから知識＝いわゆる読み、書き、そろばん、あるいは躾《しつけ》などを教えたがるのである。しかしこれは、大脳がまだ育っていないから、**無駄**である。

日本の伝統では、「遊びは悪いこと」だった。だから、遊び心を抑えるために二宮金次郎像が校庭の中心部に作られてきたのである（本物の金次郎は、金次郎像とはまるで似ても似つかぬ人物なのだが、説明は略す）。金次郎像は、政府が国民に「勤勉性」（遊びは悪いことという伝統）を仕込むための、意図的なアイデアだったのである。働け、働け、というものである。「稼ぐに追いつく貧乏なし」を強制してきたのだ。戦後経済の高度成長が始まると、サラリーマンは「働きアリ」のように働いた（勤勉に）。しかし、サラリーマンにはプライベートの時間も保障されたから、「五時から男」の言葉がはやったように、飲み屋がはやるのでる。そのように大人になってから遊び出すのは、子どもの時代に、正しい意味での遊びが保障されなかったことの「反動」である。

自然環境の中で遊びほうけているはずの年齢なのに、都市、都会の子どもは図書館できちんと座って、静かにして、絵本や図鑑などを見ているのである（辺縁系の機能を抑え込んでいる）。三歳児がバタバタと図書館内を走り回ると、すかさず係員が来て「図書館は走っちゃだめよ」と注意するのである（図書館は、大人の計算で作られている）。そこへ子どもを連れていくこと自体に無理がある。このような図書館は、文科省の「教える教育」の場所としては理想的なのである。図書館に用意されている本はみな、「教えてあげるよ」というものばかりである。

たとえば、『自然体験学習に役に立つアウトドアガイド② やってみよう！アウトドアあそび』（監修・下城民夫、教育画劇）がある。これを見ると、子どもが自発的に体験して発明、発見することを全部、この本があらかじめ（遊ぶ前に）「教えている」のだ（著者は、それが知識優先で、悪例となることには無知なのだ）。これでは、子どもの大脳を育てる要素が何もない。親も熱心に読み聞かせをしている。ここに、「たくましく、うまく、よく育つ」（辺縁系と大脳の活性化）条件がはぎ取られているのである。これでは、知識のための知識を覚えるだけであるから、ダメなのである。ダメなのであるが、そのような知識早熟の子どもは、文科省学校では賞賛されるのである

（知識があるから。しかし、「前頭連合野」の働きは悪い）。

小学入学前の子どもを、図書館には連れていくべきではない（図書館には、幼児用の空間もあるが、この空間が子どもの、ぎゃーぎゃーといって遊びほうけられる保証をしているところは、一つもない）。公園でもよいが、毎日外で遊びほうけるのがよいのである。しかし不思議にも、都会の公園には子どもの姿は見られない。なぜかというと、都会の小規模公園はたくさんあるが、それは大人の立場・計算で作られており、子どもの立場では作られていないからである（子どもの立場を知らないからだ）。ほとんどが、単に空き地状態であり、災害時の避難場所に指定されている。子どもは正直にも、公園はつまらないと見破っているのである。総じて見れば、都市、都会は子どもを育てる場所ではないということである。都市、都会という場所は、商売をするためにだけ合理的に、人為的に作られた大人の「人工的な場所」なのである（都市は資本の原理＝商売を実現するためだけの組織である。子育ての組織ではない）。

哺乳類の子どもはみな、子ども同志がじゃれ合うではないか。この行動に、ポイントがあるのである（子どもながらに、自分意識や社会意識を涵養）。サルの親は、子どもの危険性には目を離さないが、子ども同志がどのように遊ぶかには、チョッカイを入れない（放任）。放任がよいのである。社会性も感情もみな（八つの知性の中の主要な⑦と⑧も）、子どもたちが「自分で」体験学習して、自分で成果を身につけるのである（そして記憶する）。この子どもの好き勝手な行動の中に、親・大人が考えもしなかった「新しい行動＝発明・発見」のタネを体験しているのである。

たとえば、幸島（宮崎県）の子ザルが「イモ洗いを発明した」という観察が、欧米の専門家の注目を浴びた（今西研究グループの観察。しかし、日本の専門家は嫉妬して、見ない振りをしている）。サルも人間も子どもの遊びの中には、「発明行動」がいくらでもあるのである（人間の子どもの前頭連合野では、三歳ころから創造性＝発明機能が働き出す）。子どもは発明家だ、というのである。それに対して、多くの日本人の大人はなかなか発明をしない。なぜ、大人は発明をしないのか。そのことを、深く考えて見たことがあるだろうか。それは、多くの大人が正しい意味での「遊びほうけ」の中で発明、発見をするという体験学習をしないで大人になったからである（発明といってもピンからキリまであるが、それでもよいのだ）。

子どもの発明は、大人から見たらたわいもないものであるが、しかし子どもの大脳は激しく、敏感に、正常に育っているのである。大人から見れば単なる砂利であっても、幼児から見たら「工夫」をしつつ、試行錯誤を繰り返しつつ、みごとに「おもちゃ」にして遊ぶのである。「砂利を見て、おもちゃを発明する」。これは、前頭連合野が「順調に」成長している印だ。六年生にでもなれば、将来の仕事の初歩的な形を作ってしまうこともあるのである（大人用の脳が成長している）。小学校に入学する前の子どもなら、何でもかんでも自然のこととして「自分でやりたがる」のである。それは、全部やらせればよいのである。

自我形成の手順を、まとめておこう。①自然環境を用意すること。②自然環境に「放任」して体験学習を豊かにさせること。③小学生以前なら、教科書、図鑑、絵本などによる知識（先入観）は「教えない」ほうがよいこと、である（日本の幼稚園は「学校」だから、教えてばかりいる）。

ただし、体験したこと、楽しかったことを、毎日大いに「しゃべらせること」（大人風にいえば、発表だ）が大事なのである。ここに、言葉や表現力の発達と独自の思考力の確認がある。表現力が育ってくると、自分から文字や絵、知識を自然に覚えたがるのである（自我ができた印）。進んで覚えたがる（自己啓発をする）ようになったら、大人はこの時期を決して見逃さず、子どもが要求したものはみな提供してやればよいのである（子どもでも、好きなことなら自分でするのだ。「本番」の「好きなことを仕事にせよ」の原点はここにある）。こうして子どもはいつも、自分の意思で（大人の意思ではない）、熱中して、自発的に、前向きに成長していくのである（親、大人、学校は補助役であり、主役・命令者になってはいけない）。

子どもの自我形成の内容

子どもは、自然環境の中で何を、どうしたらよいのだろうか。まず、子どもが百パーセント自分で、自分から、主体的に「遊ぶ」ことである（大人は、遊びかたを教えたり、手助けをしてはいけない。放任がよい。先の「アウトドア本」であってはいけない）。この際、仲間が多い方がよい。この遊びはすべて、「体験型」である。頭脳を使う遊びではなく、「からだで覚える」のである（丈夫でたくましい身体をまず作ること＝体幹作り）。結果としては、脳システムの目覚めを促進している。思いっきり走り回り、転び、木に登ったり落ちたり、石ころを投げ、喧嘩もし、どぶに落ちたり、ケガをしたり、虫をつかまえたり咬まれたり、そのほか何でもよいが、体験することである。

その幅広い体験で、五感が敏感に育つのであり、体力や身体バランスを自然に身につけるのである。これがうまくいけば、学校での体育の授業は必要がないのだ。戦時中は、いつでも兵士になれるように、あらかじめ体力を備えることを、体育の目的とした。戦後は、仕事に運動量が少なくなったので（オフィスでじっと椅子に腰かけているなど）、都会人間には体育が必要になった。

最後には、自分の体験から「自分で作り出した知恵・知識」を身につけるのである。他人の作った知識＝参考書、図鑑、テキストなどは学習しないで、子どもは自分で「工夫」をして、些細でもよいが発明を積み重ねるのがよい。そのときには、「いい発明だね」と大いに褒めてやるのがよい（砂利をおもちゃにしていたら、大いに褒めることだ）。親・大人は、子どもが自分でいい発明をしたと気づかせる配慮を忘れてはいけないのである（「ぼくは昨日、こんな発明をしたよ」と親に報告するクセをつけさせるのがよいのだ）。自然体験型の子どもの決定的な長所は、

①自発行動　―　②熱中・集中　―　③満足　―　④自家製の知恵・知識作り

というプロセスを身に着けることである。

たとえばディズニーランドで、三歳の子どもが好き勝手な、自発的な「行動」を起こしたとき、「駄目よ、ママのそばから離れると、迷子になるわよ」という親の下では、子どもは「うまく」育たないのである。子どもは好奇心の固まりであるから（好奇心は、サル時代から受け継いだ長い長い自然法則だ）、子どもの目の向くところは、いわばめちゃくちゃな①のうろつく「自発行動」をする。親は、子どもの気持ち百パーセントでうろつくことを、許すべきである。親は、うろつく子どもの後を、目を離さないで、黙って追いかけるのがよい。めちゃくちゃにうろつく子どもを見たら、この子どもは将来性があると思うべきである（好奇心本能が活発なのだ）。子どもの行動

を「駄目よ」といってさえぎることが、最も悪い（最低の教育だ）。好奇心・辺縁系機能が破壊されてしまう。子どもは自己意識百パーセントで動きまわると、②の「熱中（集中）」状態に入るのである（集中力が、学習、宿題、自由研究、受験、仕事でも、精神修養でも効果をあげるのだ）。

子どもは、ある時間熱中すると脳システムが③「満足」を感じて、自分から「うろつき」をやめて、親の手もとに寄りつくのである（本人は疲れても来る）。子どもがジャミて泣きわめいた場合でも、子どもは泣くことに熱中するから、熱中すると泣くことに満足して、自分から泣き止むのである。泣き止むと、子どもの心はすっきりとして不満はなくなり、ストレスが消えるのである。だから、下手に機嫌取りはしないほうがよい。子どもが思いっきり泣くと、都会では近所迷惑だという「わからず屋」の大人が必ずいる。だから、文句を言われるところへは連れて行かないようにすると、どこへも連れていく場所がなくなる。これが、都会は子育てに向かないという証拠になるのだ。子育ては、田舎に限る。

親が幼児・子どもの行動に制限を加えると満足しないで、子どもながらに脳システムには「欲求不満」の信号が点灯するのである（不満は脳に記録され、生涯続く）。欲求不満なのに親のいうことを「よく聞く」ところだけを見て、大人は、「いい子だね」とほめるだろう。「いい子」というのは、「去勢」された姿なのである。小学入学前の年齢で、大人の話を納得して聞き分けができることなどは、不可能なのだ。去勢された子どもは、中学生くらいになると、おとなしく、どこにいるかわからないような、覇気のない、いわれてから行動するという生徒になるのである（もう依存症なのだ）。

そういうわけで、子どもの「熱中行動」は、けっして中断しないのがよいのである。たとえ食事の時間であっても、「ご飯だからやめなさい」とはいわないほうがよい。

自分から満足して中断するのを待つことである。成長に連れて、食事の時間には、自分から合わせてくるようになるものである（知恵がつき、聞き分けができ、判断能力がついてくるから）。そういうことには、何も心配はないのである。

昔から、「這えば立て立てば歩めの親心」という川柳がある。親心が先走る事例であり、日本人なら良いこととされてきた。しかし今西錦司は、放っておいても日時が立てば、子どもは必ず「自分で、自分から立ち上がる」ものなのだ、という。これは、科学的な結論＝遺伝子のプログラム通りなのである。親心がみな悪いわけではないが、科学的な知識も踏まえておくことだ。

自由な体験学習のチャンスがなかった子どもは、あるいは、親から「それダメ」としばしばいわれた子どもは（勉強しなさい、宿題した？も含む）、死ぬまでダメのままでいくのである。体験型（知識型でない）で育つと、三つ子の魂の効果は、小学の高学年には、学習も、宿題も、自由研究も、将来の仕事の方向性も、自分で決められるようになるのである。なぜなら、高学年に達すれば、熱中できること、一番楽しいこと、面白いこと、大人になってもやり続けたいと思うことが、「自分でつかめる」という④の知恵が身につくからである。

ついでにいえば、毎年夏・冬休みになると年中行事として、宿題の自由研究のために図書館等々がにぎわう（宿題の手伝いをする大人が用意されているところもある）。まともな大人なら、「これはおかしい」と気がつくのである。自由研究は本来なら、日常毎日地道に少しずつでよいから積み上げていくべきことなのである。そういうことは、多くの教師も体験学習をしないで、子どものころから塾、絵本、図鑑などになじみ、学校用のテストで点数がよかったので、教師になれただけのことだ。だから、「おかしい」とは気がつかないのである。これは、つぎの『粘菌少年』の事例を見ればよくわかることであろう。

『粘菌少年』の事例紹介

三年ばかり前に、ＮＨＫの教育テレビで紹介されたものである。テーマは、『粘菌少年』である。小学五年生くらいだ。少年は毎日、学校の登下校のついでに、歩道や公園の樹木の根元などにある粘菌を採集するのに「熱中」していた。自分の部屋には、かなりの量の粘菌が集められており、種類ごとによく分類されていた。疑問があれば全部、「自分で調べる」のである（自己啓発能力が身についたのだ。この段階で、図書館の本を活用するのが順序というものである）。部屋はあたかも、実験室のようであった。種類や生態の話になると、一人でしゃべり続けるのだ（説明に切りがない）。

子どもなのによくもそこまで調べたものだ、と思わないではいられない。これこそが、「日常的な自由研究」だ（夏休みに図書館に殺到する必要はない。図書館に行く小学生は、すでに他人依存症が始まっており、ダメ大人の入り口に入っているのだ）。

自分の好きなことで面白いものだから、自分で進んでやるのである。教師も、その少年のレベルより低いから指導ができない。そこで夏休みには、信州大学の准教授が里山を案内しながら、採集や何やらと説明していた。少年は、その説明にはだいたいの理解力を示していた。少年は、将来は植物の専門家・学者になるのだと、当然のように話をしていた。番組は、だいたい以上のようであった。

粘菌少年の事例を人材育成という視点から見ると、何よりも第一には、それが「好きでしようがない」ということである。好きで面白いから、子どもなら当然に夢中になるのである。粘菌少年は、前頭連合野が理想的に育ったことを意味している。

大学生になってあれこれとアルバイトをしながら、気に入った仕事を見つけようとする人もいるが、そういうことは小学六年生までに済ましておかなければならないのである。自発行動―熱中―満足―自家製の知識という体験学習を踏まえた子どもなら、時にアドバイスがあればピンときて、自分で更に向上していくのである。「粘菌少年」を案内した准教授のアドバイスなどが、よい事例だ（学校の教師は、このアドバイス能力がないのだ。覚えた知識しかないからだ）。この子どもはすでに、自己啓発性を身に着けたのである。

粘菌少年の事例でわかるように、自分からことを進める習慣は、小学生低学年のうちに身につけるのが順当である。子どもといえども、子どもながらに「自己啓発能力」（前頭連合野の機能）は身につき、脳システムにインプットされ、生涯、脳に記録されたその記録は消えないのである。子どもの自己啓発能力は、事に熱中するという体験学習が大前提にあるのだ。小学一年生から「自己啓発能力」を見せつけた手本が、トーマス・アルバ・エジソンであった。

エジソンは、小学生に入学したが、毎日のように先生から「お前はバカか」といわれ、学校が嫌いになり、三か月で退学する（日本なら、すぐに自殺を考えるのかも）。その後、生涯学校には行かなかった。このとき、先生の代りをしたのが母親である（日本には、このような母親がいないのだ。いやな学校なら、親は、行かなくてもいいよ、といえばよいのだ）。バカといわれたわけは、徹底的に「どうして？　なぜ？」と質問したことである。教師は、このことを「この子はバカじゃないの？」と勘違いをしたのである。母親は、このエジソンの質問全部に納得がいくまで説明をしたという。ここに、質問—啓発力育成のパターンができあがったのである。一〇歳くらいで、他人の必要なことをしてやると小遣いがたまることを覚えた。そこで、小遣い稼ぎの商売を始めたりするのだ（一二歳の時だという）。思い込むと、即時に行動を起こすのだ。こうして、小学一年生から実際社会の中で、実際体験をしながら成長した。エジソンにとっては、「実際社会が教科書」だったのである。私たちは、文科省の学校ではなく、「企画能力育成スクール」（社会法人など）で、「実際の社会を教科書」にして授業をすればよいのである。これがポイントであり、昔も今もその点では何も変わりはないのである。

まとめをすれば、粘菌少年は、五年生段階で、「自我」の基礎レベルが確立していたということである（私は六年生まで、澤口は「八歳まで」が勝負だという）。

多くの親なら、そんなことをしていても、テストの点数が良くなることはないからやめなさい、塾へ行きなさい等々ということであろう。最初には親が、「他人依存症」人間製造を開始するのである。多くの親は、学校の成績だけにこだわっている。たったそれだけの違いが、中学生にもなれば、天と地の差ほどの違いを導くということである。粘菌少年は、五年生で、大人の仕事の方向も決まったといってよいだろう。すべての子どもに、同じような育てかたをすれば、みんな同じように育つのである。多くの親は、その点を知らないのである（ソクラテスは、「無知は罪である」といったが、その通りだ。子どもが「よく」成長しないのは、親の無知のせいだ）。親の気持ちが先走って、子どもの自主性・自発性をはぎ取っている事例が多すぎる。これが、お上共同体の、日本の大衆文化なのだ。

もちろん文科省教育では、粘菌少年のような人材になれる指導はしてくれない。多くの親と同じように、よい点数を取る学習を強いているのである。文科省の仕事は単純にいえば、教科書で教えて、テストで点数をつけるだけである。大学の教授でさえも、毎年の研究成果には文科省は点数をつけているのである。これが、教授の通知簿である（学会発表なら何点、著書・論文一つ書くと何点、共同研究発表なら何点、講演会で講演すると何点など。点数が悪いと、研究費がストップされたりする)。文科省が頭を切り替えない限り、宿題で図書館がにぎわい続けるだろう。つまり、文科省教育では人材形成は期待ができないということである。

大人になってからでも間に合うこと

小学六年生までに、自我の基礎を身につけないで大人になってしまった人でも、これからやるべきことは残されている。それはあたらめて、自分の好きで面白いこと、夢中になれることは何かを、確かめることである。それがわかったら、即時行動を起こすのがよい。最近では定年後、趣味を生かした仕事をする人がずいぶんと増えてきた。エンジニアが退職後に何人か集まって、子どもたちに電動のおもちゃの故障修理を毎週一回くらいで実施したら、つぎつぎと子どもが集まるようになった。それで、修理を仕事として開始するようになった話もある。それでよいのである。そのうちに、彼ら独自の小型民間ロケットを開発するかもしらないのである（そういう事例はすでにある）。自転車のかわりに、一人乗りのドローンを開発してもよい（外国ではすでに、試作品はできている）。趣味家が集まって、仕事にまで展開させた事例はいくらでもあるのである。

趣味（大変に好きなこと）を仕事に転換するように考えて見ることは、大人になってからでもできることである。行動力は、子どもが泥遊びに熱中するのと同じなのだ、と思えばよい。事業化したい人は、いつも幼児から六年生までの心を想起し、子どもに帰って追体験をすることだ。つまり、幼児からの手順を踏み直せばよいのである。

転換には、子どもが好きなこと、面白いこと、楽しいことに夢中になるように、大人もあたかも子どものように熱中して見ることである。そうすれば、年を取ってからでも、前頭連合野の「自我」が働き出すのである。前頭連合野の機能は、生涯衰えることはないといわれている（記憶力は、記憶細胞が老化して萎縮するから、物忘れをする。側頭葉は衰えるが、前頭連合野は衰えないのだ）。

ようするに人材になるには、第一の方法は、生まれてから小学六年生までに人材の種まきをしておけばよいということであった。第二の方法は、大人になってからでも、「自我形成」に打って出ればよいのである。つまり、「自我」の働きにより、好きで、楽しくて、面白いことを「仕事」に転換できるのである。大人でも間に合う「チャンス」はいくらでもあるが、多くの大人は「面倒くさい」として、惰性に流れてしまうのである（惰性者は、サラリーマン根性が身に浸みついているためであろう。学者にも、サラリーマン学者が多いのだ）。

サラリーマン学者でなく、生涯の学者は手が動く限り、あるいは脳が働く限り論文を書くだろう（エジソンは、死ぬ前日まで研究をしていたという）。生涯学者なら、モチーフには真理追求精神なり求道精神＝「高目的」があり、定年後も現役時代と変わらずに研究活動を継続するのだ。惰性者が余生を楽しむのは各人の自由であるが、静かに死ぬのを待つだけであり、それしかない。

第四章

総まとめ

資本の原理と人間の原理と

「これからの人材」は、資本の原理と人間の原理との両面を知っておくに不足はない。最近は「ＡＩ本」が目につくようになった。しかし、ＡＩ本のほとんどは、「人間の原理」の側面には触れていない。日本の専門家は欧米人に比べて、「セオリー（原理）」思考が弱いためであろう。これでは単に「技術本」で終ってしまう。ＡＩ理論は、「人間の原理」を視野に入れておかなければならないのである。

資本の原理の総まとめ――資本の原理は「仮想」である

まず、資本の原理を確認しておこう。資本の原理とは、商品の等価交換である。商品と商品との関係は、物と物との関係である（経済関係）。民法は資本の原理を翻訳したものだから、商品の等価交換＝経済に対応した法律上の原理だということになる。民法は、権利の関係であるから、人と人との関係になる。ただし、民法は「法律制度上の」人間関係であり、「生の人間」の人間関係ではない。そこで資本主義社会は、資本の原理と民法の原理との統一システムだということになる。

さて、人間の経済の営みには、二種類がある。一つは、現物＝実物経済原理である。たとえば、生命を維持するための、衣食住に必要な現物＝実物消費経済である（生の人間）。これを、「**実想**」という（「自然の中の人間の原理」といってもよい）。もう一つは、非・現物＝非・実物経済である。これは、商品の等価性という物質の経済の「価値関係」の原理である（非実物＝価値関係＝観念の世界）。だから、資本主義経済・社会は等価交換さえ実現していればよいのであって、その結果、生の人間たとえば労働者が過労死したり、貧乏人が餓死することがあっても、そういうことには関係がないのである。ただ理想としては、価値物を生産し販売し利益を上げて、過労死や餓死者を出さず、みんなが豊かな生活ができるようにと「仮定」しているのである（仮定であるから、実際には過労死、貧富の格差の拡大、餓死者が出たり、福祉資金の捻出に苦渋することがある）。資本の原理はこのように、よい暮らしをするために、「仮に考案された理論」なのである。そこで、資本の原理を、「**仮想**」というのである（実想と仮想との区別を、理解すること）。

資本の原理は、理論上は「自然の原理（実物経済）を排除」しているのに（関係ないとしているのに）、実際上は「自然物に依存」し、消費しているのである。これでは、いうこと（言）と、やること（行）とが合致していない（言・行の不一致）。経済学者（進歩史観論者）は、この言・行の不一致＝矛盾に気がつかないのである（仮想を実想だと思い込んでいるから）。この矛盾問題を解決するには、自然の原理（人間の原理を含む）と人工の原理＝資本の原理とが矛盾しないような「アイデア」を研究しなければないのである。そのためには、矛盾を止揚する思考の規則の順守（正―反―合という公式で知られている）＝総合思考をする以外に方法はないのである。

さて、現物は消費すると消滅する。貨幣は交換しても、だれか（銀行など）の手元にはいつも存在していて、消滅することはない。ここに、実想＝現物と、仮想＝資本の原理との違いがあることは、理解されたことであろう。養老孟司は、江戸落語『花見酒』を取り上げて、現物＝実想経済と観念（頭の中での考え・制度）＝仮想経済との関係をうまく説明している。話は、八つぁんと熊さんとが町内の花見のために酒樽を一つ用意したことからのできごとである。

花見会場に酒＝現物を届ける前に、二人は休憩した。休憩中に、八つぁんが百円を熊さんに渡して、一杯を飲んだ（一杯＝百円）。そうすると熊さんもまねて、八つぁんにその百円を渡して、一杯飲んだ。繰り返しているうちに、酒樽は空っぽになった。つまり、現物経済は終了したのである（胃袋に入った）。しかし仮想経済では、理論通り「一杯＝百円」で等価交換が正しく行われていたし、貨幣の百円は現存している。現物経済は終了したが、仮想経済は終了せず、何も問題は生じていないのである。

仮想経済が永遠に成り立つためには、現物が永遠に減少・消滅しないという「仮定」が必要なのだ（酒樽の酒が永遠に消滅しないという仮定）。だから、仮想経済というのである。マルクスの共産主義も、現物が永遠に消滅しないことを前提にしていたのだ。実は、このような仮定はもともと成立しないのに、仮定してしまったところに、資本主義、共産主義の限界が存在していたのである。資本主義も共産主義も、現物が永遠に消滅しないと考える点では同じなのであり、必ず「限界」にぶつかるのである。

この仮定を立てることを、人工的思考（見かた、考え方＝観念）といい、経済なら人工経済というのである。実際に経済を運用している人たちは、この「仮定・仮想」を「実想」だとばかりに思い込んでいるのである（区別を知るまで、深く考えていない）。

交換手段としての貨幣が資本に転換すると、資本主義経済になる。資本が蓄積されてくると株式会社を作り（お金の組織化）、個人経営次元を超えてしまう。お金を組織化すると、お金がお金を呼び込んで雪だるまのようである。こうして、会社の規模拡大にはまり込むのである。命よりもお金だ、という時代に突入した。人は、万事金の世の中だというようになった。これと正反対に、人間から、人間の原理が遠ざかったのである。

資本主義経済が繁栄すると（大量生産、大量消費）、地球上からはその分の現物が並行して消滅していく。自然消費の度を超すと、自然破壊となる（これが、エントロピーだ。資本の原理がプラスになると、その分だけ自然がマイナスになる）。産業資本主義は、自然物を食い尽くして自滅するようすが見えてくると、「これは困った」とようやく気づくのだ（転ばぬ先の杖がつけない。ミネルバのフロウなのだ）。

そこで今度は、自然の現物に頼らないために、養殖・飼育・植林をし、あるいはまた天然資源（石油その他）で、プラスチックや化学肥料、農薬、洗剤、健康食品や医薬品など化学製品の人工化に励んでいるわけである（かつて中国では、石油タンパク質から人工肉を作った。その後、人工イクラを作った。しかしみな、不良品で使い物にならなかった）。

このような人工化を進めるために、物理学、数学、化学、分子工学、分子生物学、医学等のそれぞれが一点集中主義のように、個別化・細分化を極端に押し進め、実験に明け暮れているのである。これを、科学の進歩といっているのである。薬漬け、薬公害、核兵器、化学食品、ビル砂漠などは進歩の結果（目印）であり、進歩史観論者ならそれらを批判するのではなく、感謝しなければならないのである（薬漬けよ、ありがとう、と）。

たとえば、日本人がクジラを食べ続けたければ、瀬戸内海を池・養殖場とみなしてクジラを養殖することを、考えて見ればよい。資本の原理、資本主義経済、人工加工理論は、実想＝自然に対していかに「不自然」なことをしているかを、改めて認識しなければならないのである。主流を行く専門家は、「不自然」だと思ったことがないのだ。マグロ、ブリなどの人工養殖研究者、無菌室工場での野菜の生産者などは、「不自然」なことをしているとは思ったことがないだろう。

会社組織＝法人の隆盛時代でも、個人の頭脳資本主義の時代でも、資本主義である限り等価交換＝原理（仮想）は存続する。しかし、現物経済を仮想したものならば、現物が減少し消滅したら、仮想経済もそれまでとなる。そこで進歩史観論者は、最近では、自然破壊といわないで「自然開発」といい、自然破壊から目をそらさせ、自然の更なる現物消費を正当化しているのである（さらなる高度成長のために、「**無理な思考**」が始まった印だ。これが、エントロピーの発生原因だ）。自然科学は、その自然破壊の道案内（研究）をするようになった。本人は「業績を上げる競争に汲々としている」から、自然破壊の「道案内」をしているという自覚（心の余裕）がないのだ。これでは、不自然だと思いつくはずもない。

現在は、「**産業資本主義（株式会社）栄えて自然滅ぶ**」時代となり、同時に、「**自然科学栄えて自然滅ぶ**」時代になってきたのである。自然科学が自然破壊に手を染めたのは、「産学共同」、「産官学共同」のためである。株式会社と大学の一体化＝大学の金儲けが始まったのだ。ここに、科学の世界にも、倫理観の貧困化が始まったのである。「**自然科学栄えて自然が元気になる**」という、そういう自然科学は誰が、いつ発明・発見するのだろうか。私は一言でよいから、批判的に口出しをしておきたいのである。

以上が、資本の原理に関する総まとめである。

人間の原理の総まとめ――人間の原理は「実想」である

それでは、「人間の原理」とは何か。人間の原理は、時実のいう「たくましく、うまく、よく生きていく」ことである。実想とは、経済的に価値物を生産しようが、しまいが、万人が「自然のこととして生きる」ことなのである。これが、実想である。

まず、人間の原理の「人間」は、「生身の人間」という意味である。「生身の人間」は、大自然のただ中で、自然に発生したのである。目先のことでは、サルから人類が進化した（三百万年以上前に）。こういうことが、自然に生じたのである（サルの意識が人類を作ったのではない)。核兵器なら、自然にできたのではなく、人間の意識が作ったのである(人工世界は、「意識」の産物だ)。

つぎに、私たちの先祖・サピエンスが自然に出現した。サピエンスは、この一〇万年間の間、「たくましく、うまく、よく」生活の営みを続けてきたのである。しかし、時代が流れると、具体的な営みのしかたには違いが出てくる。たとえば「はじめに」で一言触れたのだが、それを再現すると、

① 縄文時代なら、食生活では貝塚が知られているように、海産物をよく食材にしていた。山の民なら、野生動物や山菜を食材にしていた。どちらも共通しているのは、食材集めなど衣食住活動には、自分の身体を動かすことである(アナログ)。生活行動も、自然なのである。あたかもクマが生き延びるのと同じ様式である(クマ水準だ)。しかしクマと違う点を探すと、文化を蓄積してきた点があげられる。今西錦司は、「文化の進化」という。今西は、人間は身体の形を変化させて進化するのではなく、文化を進化させるのだ、という。ここでの①から次の②、③が、文化の進化の具体例である。人間は、情報処理を積み重ねて、工夫をして文化を進化させ

るのである。

②　農民になると、自然の動物を追いかけ、また山野草を採集するのではなく、飼育し、栽培するようになる。しっかりと飼育舎を作り、ビニルハウスを作り（冬には、暖房したり）、ドロボーにも対処している。身体も動かすが、農機具の開発にも励む。

③　現在の先端事例なら、レタスなどは無人工場（完全無菌室）で、あるいは水耕栽培で（たとえばトマトなら一本の木から二千個、三千個を収穫できる）、水、温度、人工光、化学肥料をコンピューター制御している（無人化）。この機械化・無人化生産、販売を、アグリ・ビジネスという（農水省はこの分野で特に産官学共同を推奨している）。

時代が流れると、上の三種類の違いが出てくる。①は自然、②は半自然・半人工、③は人工である。このように同じサピエンスなのに、営みに違いが出てくる。この違う事柄を個別具体的な「特殊形態」（現象形態）という。事柄を区別するのは、特殊形態の違いを指しているのである。

しかし、生活活動をよく見ると、違いだけではなく、三種類には共通点もあるのだ。共通点を発見するのは、サピエンスの大脳の仕事である（いつの時代でも等しく脳は情報処理をしている）。この情報処理の内容は、「知恵を絞ってきたこと＝工夫」ということである。つぎつぎと知恵を絞るから、世の中が「三日見ぬ間の桜」のように変わるのである。今日はもはや昨日ではない、というわけである（日進月歩）。

このように万人が情報処理＝知恵絞り＝脳のソフトウェア活用をしてきたので、万人は知恵絞りの「主体」だという「共通点」がわかってきたのである。この共通点を、一般論＝総論というのである。そういうことで、「人間の原理＝生身の人間の主体性＝一般性＝総論」は、サピエンスが出現してから今日までも、**「不変にして普遍の原理だ」**といってよいのである。そういう意味で、「生身の人間の主体性（自由）」はサピエンスの「**正道**」だと評価しなければならないのである。株式会社のスタート時点では、正道だとばかりに思い込んでいた。しかし、世界的に大規模化してくると、人間の原理から遠ざかり、エントロピーに遭遇して、**反・正道**だということがわかってきたのである。

資本の「特殊形態」は、古代型、中世型（重商主義）、近代型（株式会社）、未来型（ＩＴ革命）の四種類である。たとえば株式会社法では、株式会社＝主体であり、生身の社長も労働者も主体ではなかった。商法＝制度上では生身の人間の主体性は否定されていた。そこで、人間の原理の「正道」との比較で見れば、古代から近代（株式会社時代）までは、「**邪道**」（反・正道でもよい）であると評価しなければならないことになる。なぜ邪道になったかというと、資本の原理が「生身の人間」の場面・次元で作られたのではなく、資本の原理・法律の人工的な「制度上」で作られたものだからである。この制度が二百年、三百年と続くうちに、自然の原理と矛盾・対立する事態が目にも見えるようになったのである（株式会社の初動が正しくても、未来には未知の要件が発生し、修正に気がつかないと、ロケットにたとえればどこへ飛んでいくかがわからなくなるのである。株式会社ロケットは、自然破壊と過労死へと飛んで行ってしまったのだ）。

ＡＩ時代は、資本の原理の範囲以内ではあるが、資本の原理から脱出しようとする第一歩なのである。いいかえれば、邪道（反・正道）から正道へのスタートの第一歩だと評価するのである（ＡＩ機器を邪道で発明・利用すると、人間の原理をめちゃくちゃにしてしまう恐れはあるだろう。だから、ＡＩ問題は、人の意識・倫理次第なのだ）。

株式会社にしがみつく「これまでの人材」なら、邪道から正道への転換という理解自体がなかったことであろう。歴史変動の客観的な原動力は、意識ではなく経済にある。そして経済が変わると、意識もつられて変わるのである。結論は、これからはＡＩ機器の発明、発見が経済の客観性の中身になるのである。だから、人の意識は、ＡＩ機器をより「よく」（時実）発明、発見、利用することしかない。ＡＩ革命を邪道化する人の心・意識を、いかに防ぐかが重要な課題となるのである。アメリカ軍部ではすでに、ＡＩ兵器の準備を進めているようだが、そうであれば、アメリカ軍部の人間は邪道生産の張本人だという以外にはない。このような人間のいるアメリカが世界一で、アメリカに追いつけ追い越せという途上国がいるということは、まさに、**地球地獄の姿**だというしかない。世界の政治家は、邪道の拡大再生産をしているが、私は、一日も早く、資本主義経済体制が崩壊し、株式会社が崩壊し、人間性（優位）を目指した、本来のＩＴ革命時代が到来することを願っているのである。

エピローグ――「見かた」と「見えかた」について

どうしても取り上げておきたいことは、「見かた」と「見えかた」（見えたもの）の問題である（これに詳しいのが、養老孟司である）。

私には私の「見かた」があり、「見かた」を決めたら、「見えかた」（見えたもの）も決まったのである。「見えたもの」をそのまま文章にしたのが、この本である。

世界を見渡しても、そもそも「何一つ」として自分の見かたを持たない人は、実は、一人もいないのである。万人は必ず自分の見かたを持つように、脳システムができ上っているからである。だから、誰もが「何らかの見かた」を持っているのである。しかも、十人十色の「見方の違い」があっても、何も不思議ではないのである。これが、生の人間の姿である。本書では、まず、自分（私）の「見かた」を重視したのである。

本文で「他人依存症」（サラリーマンなど）を取り上げたが、他人依存症の人は、「自分の、ものの見かた」を確立しないで、他人の「ものの見かた」に流れてしまうのである（「見かた」の他人依存症だ）。「自分の見かた」の確立は、他人が自分をどう見るかは気にしないで、第一には「おれの見かたはこれだ」と絞り込むことである。この絞り込みが正しいかどうかは、他人の見かたと、何度も突き合わせて見なければならないだろう（頭の柔軟性が必要）。突き合わせにより、より正しい方向へと向かうだろう。

日本人の注意するべき点は、**未来音痴**だという点である。未来音痴が、先見の明を築けない原因である。現状維持志向の学生は、未来音痴の一事例である。世の中は一瞬たりとも静止、停止はしないという「時間論」の理解には、一度訓練をしたほうがよい（未来音痴の大学生を多く育てている大学・教授も、未来音痴症なのだ。大学の将来性は暗い）。文科省の授業では、既存の知識＝過去の知識しか教えない。テストでは、過去の知識のテストしかしない。「**未来を予測せよ**」というテストはないのである。だから文科省の授業を真面目に聞けばみな、未来音痴になるのである。そういう意味では、文科省の教育でよい点数を取ることとは、私から見たら価値がないのだ（私が学生時代に未来思考を学んだのは、ハイデッガーの時間論である）。

そこで、結論は、自分の「見かた」の確立としては、未来に強くなることである。ただし天気予報と同じように、予測でしかないのはしかたがない。そこで、シミュレーション能力を学習して、当たる確率を高めるしかない。養老は、シミュレーションは、「ああすれば、こうなる」という意識＝人工思考の仲間であるから、しばしば注意を促している。そこで未来思考は、常々修正が避けられないことを承知していればよいのだ。

未来思考にはいつも「未知」の部分があるのだが、しかしだからといって、未来思考は避けては通れないのだ。発明、発見、創造は、未来に向けてしか存在しないのである（過去に向けては存在しない）。**未来思考こそが、万人の唯一の挑戦事項なのである。**

最後になって恐縮であるが、松田健二社長からは快く出版を引き受けていただいた。また、原稿の校正に当り、板垣誠一郎さんからはきめ細かに目を通していただいた。各位には心より感謝申し上げます。

著者

著者紹介

荒木弘文

あらき ひろふみ　1939年生まれ。1963年、新潟大学人文学部社会科学学科卒業。1971年、中央大学大学院博士課程法学研究科満期退学。1995年より、中国山東理工大学教授、中国吉林大学北東アジア研究院客員研究員、中国武漢大学国家招聘教授などを歴任。帰国後は、総合思考アドバイザーとして活動している。
著書に、『中国三千年の裏技』（社会評論社）『総合科学論入門—自然と人工の統一』（講談社）などがある。

人材革命　AI時代の資本の原理と人間の原理と

2019年4月10日初版第1刷発行

著　者／荒木弘文

発行者／松田健二

発行所／株式会社　社会評論社

〒113-0033　東京都文京区本郷2-3-10　お茶の水ビル
電話　03（3814）3861　FAX　03（3818）2808

装　丁／右澤康之

印刷製本／倉敷印刷株式会社